Bristol «Bulldog»

Rafael A. Permuy López y

Artemio Mortera Pérez

Ilustraciones:
Julio López Caeiro
Luis Fresno Crespo

QUIRON EDICIONES

PERFILES AERONAUTICOS 8

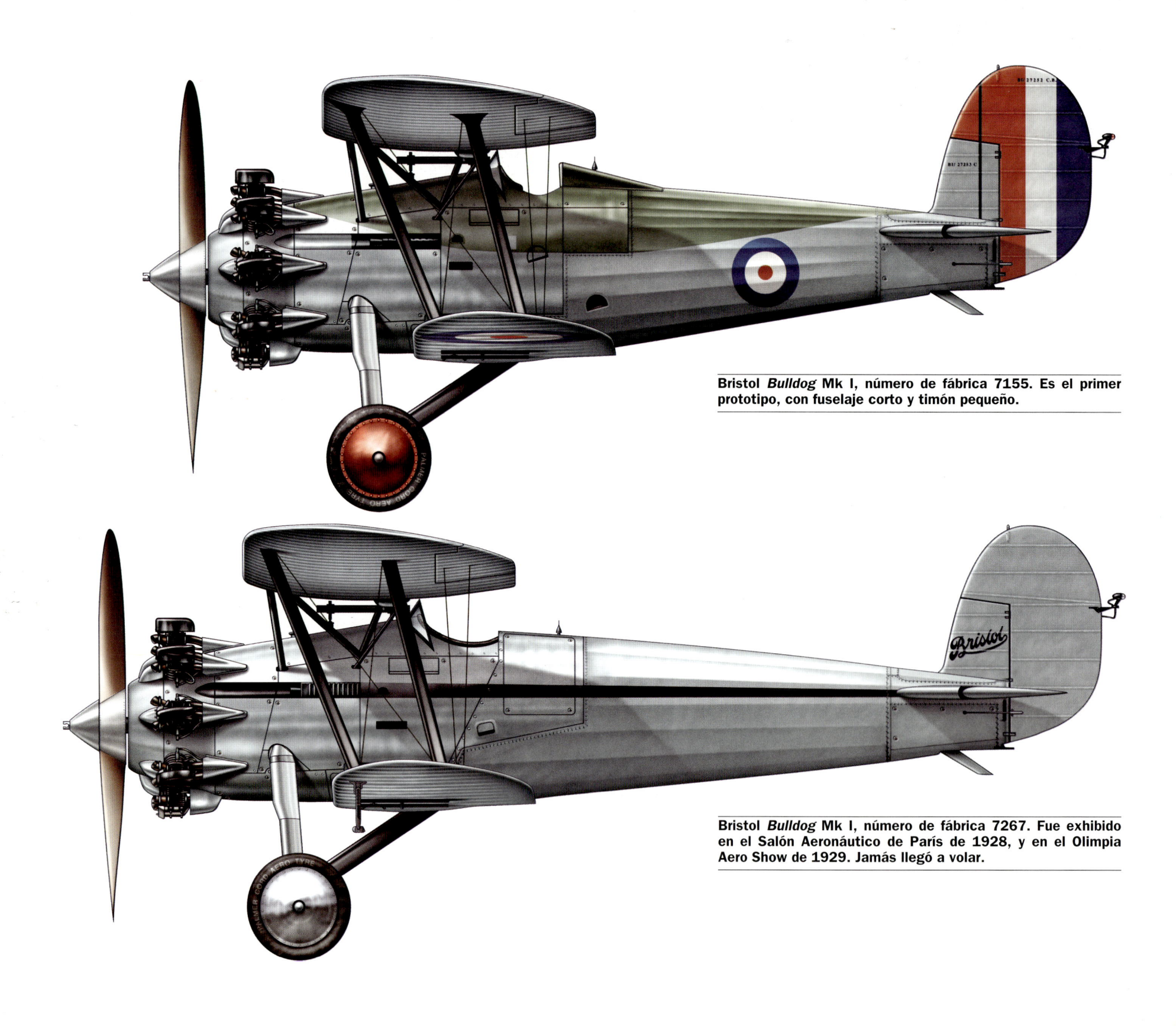

Bristol *Bulldog* Mk I, número de fábrica 7155. Es el primer prototipo, con fuselaje corto y timón pequeño.

Bristol *Bulldog* Mk I, número de fábrica 7267. Fue exhibido en el Salón Aeronáutico de París de 1928, y en el Olimpia Aero Show de 1929. Jamás llegó a volar.

Bristol *Type 105* «Bulldog»

El prototipo del Bristol Bulldog Mk I, número de fabricación 7155. Aquí lo vemos modificado con envergadura y timón agrandados para vuelo de récord a alta cota, el 7 de noviembre de 1927. (Bristol Aircraft, vía R. Jackson)

Bristol Bulldog Mk I prototype, Bristol sequence no. 7155. Here it can be seen with enlarged wing and rudder for high altitude record attempt on 7 November 1927. (Bristol Aircraft, vía R. Jackson)

Concepción y alumbramiento

La recesión económica que sobrevino tras la I G.M. no constituía el marco más adecuado para una renovación de la caza británica. Unido ello al hecho de que Gran Bretaña no vislumbrara en su horizonte inmediato un enemigo potencial, hizo que los raquíticos presupuestos dedicados a la adquisición de material se desviaran hacia ensayos de aparatos multiempleo de escasa utilidad práctica. Lo engañoso de la situación quedaría en evidencia en enero de 1925 con la aparición del biplano de ataque Fairey *Fox* que dejaba anticuados de golpe a los cazas de la R.A.F. en servicio cuyas inferiores características hacían imposible la interceptación del nuevo aparato, como se encargarían de demostrar las maniobras de 1928.

Entretanto, en mayo de 1924, el Estado Mayor del Aire británico había emitido un pliego de condiciones para el proyecto de un nuevo interceptor destinado a reemplazar a los Armstrong Whitworth *Siskin* y Gloster *Gamecock* entonces en servicio, al mismo tiempo que se tomaba la decisión de aumentar el potencial de la R.A.F. a 81 escuadrones y se establecía el nuevo Mando de Defensa Aérea en Uxbridge. Dicha Especificación –F. 17/24– recomendaba la utilización en el nuevo aparato del motor Rolls-Royce *Falcon X* –del que posteriormente derivaría el famoso *Kestrel*– dando por sentadas las mayores ventajas aerodinámicas de los motores con cilindros en línea. Lo cierto es que por aquel tiempo se daba en Gran Bretaña un enfrentamiento entre los partidarios de los motores lineales, liderados por Rolls-Royce, y aquellos con cilindros en estrella cuyo principal exponente lo constituían los modelos fabricados por Bristol. Esta última, y más concretamente su proyectista, el australiano Frank S. Barnwell, ingeniero jefe de la firma de Filton desde 1914, parecieron en principio dispuestos a aceptar las condiciones del nuevo proyecto, pero el diseñador de motores de la misma, A. H. Roy Fedden, con el apoyo de Cyril Uwins, jefe de los pilotos de prueba de Bristol, se opuso firmemente a la adopción de la línea preconizada por sus rivales. No les fue excesivamente difícil a Barnwell y Fedden lograr que el Ministerio del Aire renunciara a su idea de un caza ligero provisto de un motor sobrealimentado de 250 H.P., ante la oferta de un aparato con motor en estrella de 400 o más H.P. capaz de unas prestaciones muy superiores con una carga bélica mayor. La consecuencia fue la publicación de una nueva Especificación –F.9/26– en la que se admitía la posibilidad de utilizar motores radiales, además de lineales, para el nuevo aparato. De acuerdo con las nuevas condiciones Barnwell propuso el Bristol Tipo 102 A[1], basado en el anterior Bristol 99 *Badminton*, mientras trabajaba, a fin de apurar todas las posibilidades, en otro proyecto, sujeto igualmente a las condiciones F.9/26, que sería denominado Tipo 105. En cualquier caso, pronto se haría evidente que no había disponible ningún motor Rolls-Royce con cilindros en V capaz de proporcionar al nuevo caza las prestaciones requeridas por lo que el Estado Mayor del Aire emitió una Especificación más –F.20/27– que modificaba parcialmente la anterior al proponer que aquel fuera motorizado con el Mercury III con reductor, que Fedden había desarrollado para Bristol. Esta presentó entonces su proyecto Tipo 107, bautizado más tarde *Bullpup*, que fue inmediatamente aceptado, disponiéndose la construcción del prototipo –número de fábrica 7178, matrícula militar J9051– y su participación en

---

[1] Al mismo tiempo que un denominado 102 B, provisto de flotadores, destinado satisfacer la Especificación N. 21/26 para un caza naval.

Dos magníficas vistas del Bristol *Bulldog* Mk I, número de fabricación 7155, en Filton en mayo de 1927. Se trata del primer prototipo en su versión original, con el fuselaje corto y timón pequeño. (Bristol Aircraft, vía R. Jackson).

Again Bristol Bulldog Mk I, Bristol sequence no. 7155, at Filton in May 1927 in its original guise, with short fuselage and small fin and rudder. (Bristol Aircraft, vía R. Jackson).

el concurso con los de otras firmas que tendría lugar para la elección del interceptor.

Sin embargo, la fabricación del 107 se vería retrasada por la falta de motor, ya que los *Mercury III* no se encontraban realmente disponibles. Tomó entonces Barnwell la decisión de seguir adelante con la construcción del 105 por cuenta de la empresa, equipándole, sin problema alguno, con un motor *Jupiter VII*. El aparato, al que se dio el nombre de *Bulldog*, voló con éxito por primera vez el 17 de mayo de 1927, pilotado por Cyril Uwins, mientras el *Bullpup* continuaba a la espera de motor. El *Bulldog* Mk I –número de fabricación 7155– fue evaluado dentro del mes siguiente en Martlesham Heath, Suffolk, por el *Aeroplane and Armament Experimental Establishment* (A&AEE) en competición con un Armstrong Whitworth *Starling*, un Boulton-Paul *Partridge*, un Gloster G*oldfinch* y un Hawker *Hawfinch* a los que desbancó rápidamente, excepto al *Hawfinch*, que ofrecía unas prestaciones muy parecidas. En julio, el *Bulldog* hacía su presentación en público en Hendon.

Así era

El aparato diseñado por Barnwell, con la colaboración de L. G. Frise, era un biplano con decalado positivo, monoplaza, en el que se utilizaba la estructura metálica, a base

Bristol *Type 105* «*Bulldog*»

de flejes de acero de alta resistencia esmaltados a fuego y unidos por placas remachadas, puesta a punto por Pollard para el anterior *Boarhound*.

El fuselaje era de sección poligonal, revestido de tela, salvo en la parte anterior que iba recubierta con chapas de aleación ligera. El puesto de pilotaje, abierto y bastante avanzado, coincidía con el borde de salida de las alas y estaba provisto de un pequeño parabrisas y de un apoya-cabeza carenado que desaparecería posteriormente en los aparatos de serie.

Los planos, igualmente revestidos de tela, tenían un diedro de 5 grados y planta rectangular con los extremos redondeados; los superiores eran de perfil Bristol 1A, desarrollado por Barnwell y L.G. Frise, y tenían mayor envergadura y cuerda que los inferiores; estos últimos de perfil Clark YH. Solamente los planos superiores llevaban alerones dotados de compensadores Frise y, tanto éstos como los inferiores, presentaban amplios rebajes en la parte del borde de salida correspondiente con la cabina del piloto a fin de proporcionarle una mayor visibilidad. Dos pares de montantes, de apreciable inclinación, y los correspondientes cables de arriostramiento unían entre sí las semialas confiriendo una gran solidez al conjunto. Las alas superiores albergaban en su interior los dos depósitos de combustible de que disponía el aparato, con una capacidad unitaria de 159 litros y funcionamiento por gravedad.

Los empenajes eran de tipo cantilever. El horizontal tenía una planta muy similar a la de las alas, de forma rectangular con los extremos redondeados, mientras el vertical, de silueta más o menos elíptica, lo constituían una pequeña deriva y un timón de amplias dimensiones.

El tren de aterrizaje era fijo, con dos patas en V unidas entre sí por el eje de ruedas, provistas de amortiguadores de aceite y tampones de goma que facultaban al aparato para operar desde terrenos escasamente preparados. Las ruedas tenían discos de chapa[2] y neumáticos Palmer Cord Aero 700x100. En cola llevaba un patín.

Montaba, como se ha dicho, un motor *Jupiter VII* de 440 H.P. de potencia y nueve cilindros en estrella cuyas cabezas sobresalían al exterior, solución esta entonces muy en boga que proporcionaba una excelente accesibilidad al grupo motor, aunque no era precisamente la ideal en el aspecto aerodinámico, y ello a pesar de que cada una de ellas presentaba en su parte trasera un pequeño carenado que no parece comportara una mejora sustancial. La hélice era bipala, de madera, de generoso tamaño y provista de un buje igualmente bastante grande. Tras el mamparo corta-fuegos, que separaba el motor de la cabina, iba colocado el depósito de lubricante con capacidad para 24 litros.

El armamento lo constituían dos ametralladoras Vickers Mk II* de calibre 303[3] emplazadas en el morro, una a cada costado, disparando, por tanto, a través del disco de la hélice merced a un sincronizador oleodinámico Constantinesco. Disponían de 600 cartuchos por arma y las palancas de montaje se hallaban al alcance de la mano del piloto, con toda la ventaja que supone la supresión de dispositivos intermedios. Bajo los planos inferiores llevaba cuatro soportes para otras tantas bombas de 9 kilogramos de peso. El *Bulldog* iba equipado con un radio-transmisor Marconi de onda corta, alimentado por medio de un generador accionado por el motor.

La adopción del Mk II

Los vuelos realizados por el Bristol Tipo 105 en Martlesham Heath, en los que desbancó a tres de sus cuatro competidores, fueron lo suficiente prometedores como para animar al Ministerio del Aire a cursar en noviembre de 1927 el pedido, ahora oficial, de un segundo avión, que debería ser evaluado en competición con el *Hawfinch*. De acuerdo con la experiencia acumulada durante los vuelos de prueba, se requería un aumento de tamaño del empenaje vertical, a fin de obtener un mejor control de la barrena, que en el prototipo ensayado se había revelado un tanto deficiente. Sin embargo, tal solución se reveló contraproducente pues, aunque solventaba el problema, producía un peligroso efecto de veleta en el aterrizaje con viento cruzado. Optose entonces por dejar los empenajes como estaban y alargar el fuselaje unos 66 centímetros (26 pulgadas) con lo que se obtuvo la mejora del control lateral deseada, aplicándose tal reforma a este segundo prototipo, que pasó a denominarse Mk II, al igual que los siguientes *Bulldog* construidos.

---

2 Algunas variantes del *Bulldog* emplearían ruedas con radios de alambre.
3 Más tarde, los aparatos empleados por la R.A.F. montarían ametralladoras Vickers Mk.III del mismo calibre. En realidad, se trataba de la misma Mk. II provista de un apagallamas que alargaba la longitud del arma hasta los 1.245 mm.

Bristol *Bulldog* Mk II, J9480, número de fabricación 7235. Prototipo del Mk II. Voló por primera vez el 21 de enero de 1928, pilotado por Cyril Uwins. Pasó al *Air Ministry* para realizar pruebas comparativas con el Hawker *Hawfinch*. (MAP)

Bristol Bulldog Mk II, J9480, Bristol sequence no. 7235. Mk II prototype, first flown by Cyril Uwins on 21 January 1928, then taken over by the Air Ministry for comparative trials with the Hawker Hawfinch. (MAP)

El flamante *Bulldog* Mk II Tipo 105A, con número de fabricación 7235 y matrícula J 9480, voló en Filton el 21 de enero de 1928 pilotado una vez más por Uwins, siendo seguidamente enviado a Martlesham Heath, donde la A&AEE pospondría la elección entre éste y el *Hawfinch* a la espera de que ambos aparatos fueran volados por pilotos de los escuadrones de Biggin Hill, Kenley, Northolt, North Weald y Upavon. El 11 de junio, se tomaba una decisión favorable al *Bulldog* en la que pesaron tanto más que su rendimiento, escasamente superior al de su rival, otras circunstancias relacionadas con la sencillez de mantenimiento que le confería su estructura de acero, aparte de su innegable solidez, o la facilidad para cambiar sus depósitos de combustible de las alas en patente contraste con las dificultades que presentaba el depósito de fuselaje del *Hawfinch*. El J 9480 fue adquirido por 4.550 libras y se firmó el contrato 878476/28, de acuerdo con la Especificación F.17/28, para la compra de otros veinticinco aviones más.

Entretanto, el *Bulldog* Mk I, tras su regreso a Filton en octubre del 27, había sido objeto de una serie de reformas con el ánimo de competir por el récord de altura. Fue así provisto de un timón más grande, alas mayores[4] con estructura de madera y alerones sólo en los planos inferiores, calefacción en la cabina, motor *Jupiter VII* sobrealimentado y un solo depósito para 71 galones de combustible en posición central. Efectuó su primer vuelo el 7 de noviembre con el inevitable Uwins a los mandos. Seguidamente fue enviado a Farnbourough donde el *Flying Officier* J. A. Gray debería intentar superar el récord de altitud y trepada, pero, en diciembre de ese mismo año el italiano Donati puso el mismo en 38.800 pies (11.826 m.), renunciándose entonces a competir, pues poco más era lo que podría alcanzar incluso en las mejores circunstancias.

---

4   15,24 ms. de envergadura.

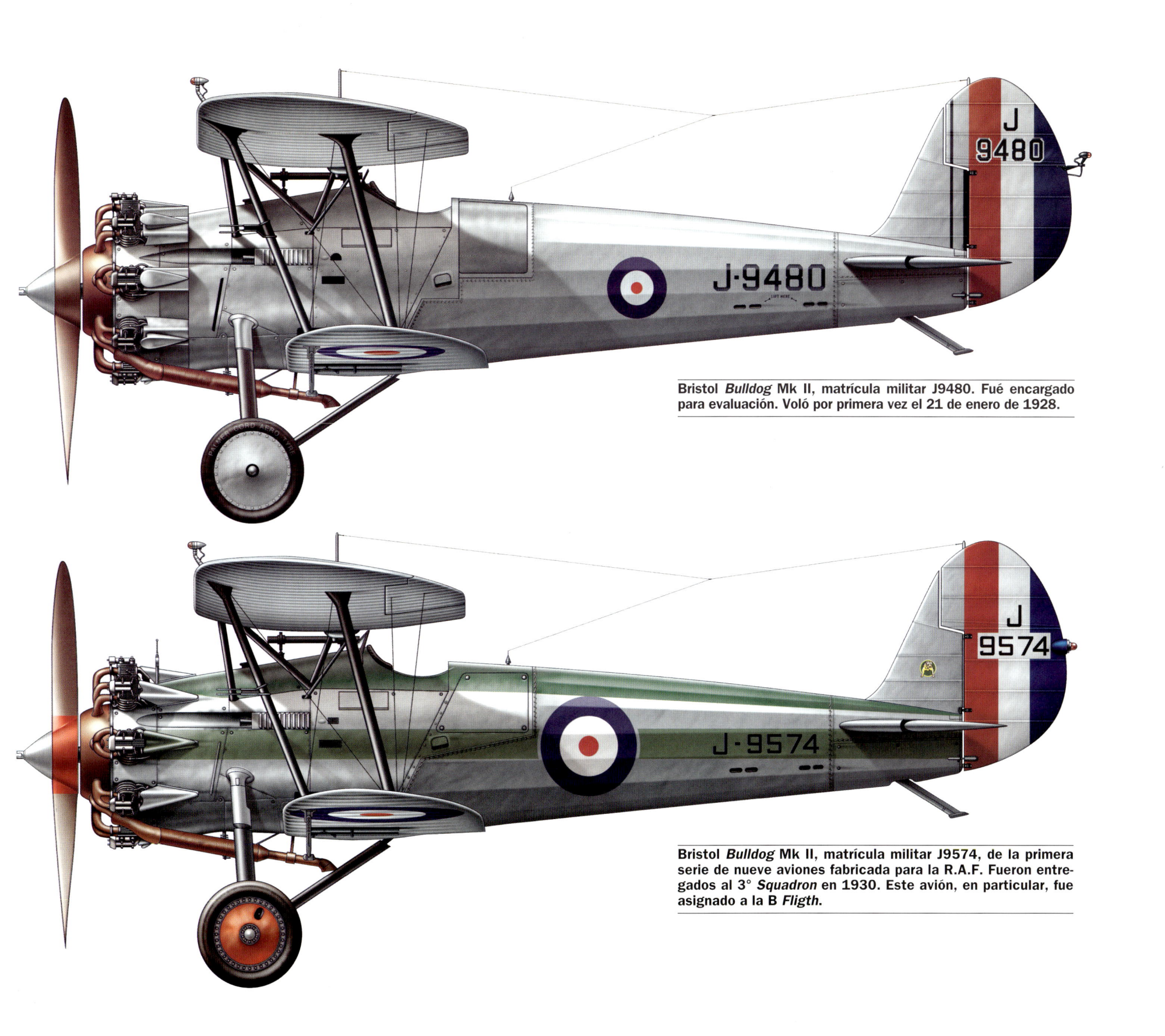

Bristol *Bulldog* Mk II, matrícula militar J9480. Fué encargado para evaluación. Voló por primera vez el 21 de enero de 1928.

Bristol *Bulldog* Mk II, matrícula militar J9574, de la primera serie de nueve aviones fabricada para la R.A.F. Fueron entregados al 3° *Squadron* en 1930. Este avión, en particular, fue asignado a la B *Fligth*.

Bristol *Bulldog* Mk II, número de fabricación 7267. En 1928 fue exhibido en el Salón de París aunque aquí lo vemos en el Olympia *Aero Show* de 1929. Este avión nunca llegó a volar, por lo que no recibió número de serie ni matrícula. (Bristol Aircraft, vía R. Jackson)

Bristol *Bulldog* Mk II, Bristol sequence no. 7267. In 1928 it was shown at the Paris Salon and then at the Olympia Aero Show, here illustrated, in 1929. It was never flown and consequently did not have a registration or RAF serial number. (Bristol Aircraft, vía R. Jackson)

Al no ser adoptado por la R.A.F., el Mk I quedaba exento de cualquier restricción de cara a su venta a las fuerzas aéreas de otros países. Tal circunstancia animó a la firma constructora a producir un segundo ejemplar de dicho modelo que tendría el número de fabricación 7267. Este *Bulldog de exportación* fue provisto del mismo tipo de alas que montaba el *Bullpup*, en un afán por mejorar sus condiciones ascensionales pero, en realidad, el 7267 no llegó a volar quedando relegado a la exhibición estática, con el costado derecho descubierto para mostrar su estructura y equipamiento interior, en el Salón Aeronáutico de París, en junio de 1928, o en Olympia, en julio del siguiente año.

Producción en serie

Para atender el mencionado contrato 878476/28, Bristol puso en fabricación una serie de veintiséis aparatos que llevarían los números de fabricación 7322 a 7347, veinticinco de los cuales estaban destinados a la R.A.F., que les asignaría las matrículas J9567 a J9591, mientras que la firma reservaba para si un *Bulldog*, concretamente el número 7331, con la intención de utilizarlo como aparato de *demostración*. Este último fue equipado con un motor *Jupiter VIA*, en lugar del *Jupiter VII*, y recibió el 8 de mayo de 1929 la matrícula civil G-AAHH, efectuando seguidamente una gira de exhibición por Bélgica, Francia, Suiza, Suecia...

Bristol *Type 105* «Bulldog»

El aparato número 7341 –o, mejor dicho, su célula, sin motor– fue retenido por la casa constructora y enviado a Japón, a la Mitsui & Co., representante de Bristol en dicho país, al que la firma británica pretendía vender los derechos de fabricación.

El 8 de mayo de 1929 había comenzado la entrega de los primeros dieciocho *Bulldog* del contrato para la R.A.F. al 3 *Squadron*, basado en Upavon. El 17 *Squadron*, basado igualmente en Upavon, fue el segundo equipado con *Bulldog*, aunque sólo parcialmente, al convertirse en destinatario de los restantes seis aparatos fabricados cuya entrega quedó completada el 10 de octubre. Los *Bulldog* reemplazaron en ambos escuadrones a los Gloster *Gamecock*, sustitutos temporales a su vez de los Hawker *Woodcock* que ambas unidades habían estado utilizando hasta el momento como cazas nocturnos. A fin de cumplimentar el contrato, fue construido otro aparato, con número de fabricación 7397, para suplir al desviado a Japón; sin embargo éste no

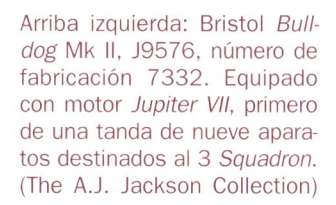

a lo largo del año; en 1935, fue dado de baja y enviado a la chatarra.

Arriba izquierda: Bristol *Bulldog* Mk II, J9576, número de fabricación 7332. Equipado con motor *Jupiter VII*, primero de una tanda de nueve aparatos destinados al 3 *Squadron*. (The A.J. Jackson Collection)

Top left.: Bristol *Bulldog* Mk II, J9576, Bristol sequence no. 7332. Fitted with a Jupiter VII, it was the first of a batch of nine aircraft for 3 Squadron. (The A.J. Jackson Collection)

Centro izquierda: De nuevo el J9576. Aquí lo vemos en Kenley, en el año 1930. (Andy Thomas, vía R. Sturtivant)

Middle left: Again J9576. Here depicted at Kenley in 1930. (Andy Thomas, vía R. Sturtivant)

Arriba derecha.: Bristol *Bulldog* Mk II, R-1, número de fabricación 7399. Construido por iniciativa de la propia Bristol para utilizarlo como banco de pruebas del motor *Mercury III* entre enero y mayo de 1930, con hélice cuatripala. Resultó destruido en accidente el 4 de junio. Foto vía autores.

Top right: Bristol Bulldog Mk II, R-1, Bristol sequence no. 7399. Built on Bristol's inititative and used as a testbed for Mercury III January-May 1930, with four-blade propeller. Destroyed in accident on 4 June.

Abajo: El Bristol Bulldog J9591, equipado sucesivamente con motor *Jupiter IVA* y *Jupiter VIIF*, fué entregado a la RAF en septiembre se 1931. (Bristol Aircraft, via R. Jackson).

Bottom: Bristol Bulldog J959, successively fitted with Jupiter IVA and Jupiter VIIF engines. First delivered to the RAF in September 1931. (Bristol Aircraft, via R. Jackson).

Arriba: Bristol *Bulldog* Mk IIA, K1085, número de fabricación 7370. Fue entregado a la RAF a principios de 1930. Nueve aparatos de esta tanda fueron al 17 *Squadron* y los restantes al 56 *Squadron*. (*Flight*, vía R. Sturtivant)

Top: Bristol *Bulldog* Mk IIA, K1085, Bristol sequence no. 7370. Delivered to the RAF early in 1930. Nine aircraft of this batch went to 17 Squadron and the rest to 56 Squadron. (*Flight*, vía R. Sturtivant)

Abajo: De nuevo el K1085. Este avión sirvió con el 17 *Squadron* y el 79 *Squadron*. Fue dado de baja en octubre de 1930. (MAP)

Bottom: Again K1085. This aircraft served with 17 Squadron and 79 Squadron. It was struck off charge in October 1930. (MAP)

fue de momento entregado a unidades operativas, permaneciendo en fábrica –con la matrícula civil G-AATR– para ser utilizado como banco de pruebas del motor *Mercury IV*. Tras una gira de exhibición en Bélgica, fue remotorizado con un *Jupiter VIIF* y entregado por fin a la R.A.F. en enero de 1931, recibiendo la matrícula militar J 9591 que completaba el primer lote contratado.

La excelente maniobrabilidad del aparato ganó inmediatamente el favor de los pilotos británicos, circunstancia esta que indudablemente propició su temprana venta al extranjero. Así, los cinco siguientes *Bulldog* fabricados –números 7353 a 7357– fueron adquiridos por Letonia y el número 7358 por los Estados Unidos.

Seguidamente comenzó la construcción de una nueva serie de 40 aparatos de los que 23 –con números de fabricación 7364 a 7386– habían sido encargados por la R.A.F., que les asignó las matrículas K1079 a K1101, completando con ellos el equipamiento del 17 *Squadron*, mientras los restantes eran destinados a una tercera unidad, el 54 *Squadron*, con base en Hornchurch.

Los números 7387 y 7388 fueron vendidos a Siam en enero de 1930; los 7389 a 7396, a Australia en el mismo

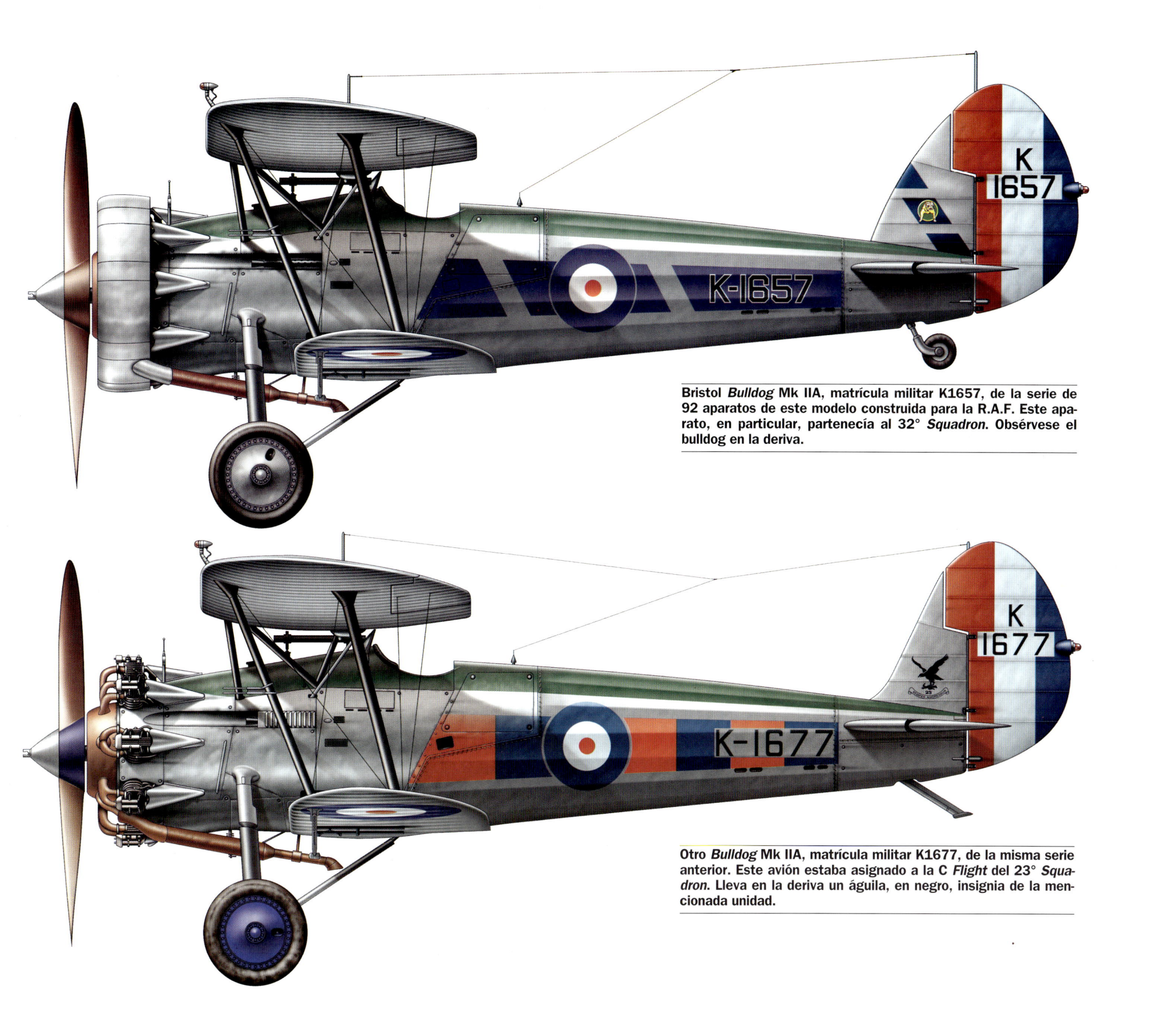

Bristol *Bulldog* Mk IIA, matrícula militar K1657, de la serie de 92 aparatos de este modelo construida para la R.A.F. Este aparato, en particular, partenecía al 32° *Squadron*. Obsérvese el bulldog en la deriva.

Otro *Bulldog* Mk IIA, matrícula militar K1677, de la misma serie anterior. Este avión estaba asignado a la C *Flight* del 23° *Squadron*. Lleva en la deriva un águila, en negro, insignia de la mencionada unidad.

Arriba: El G-ABBB era el Bristol *Bulldog* Mk IIA, número de fabricación 7446. Aquí lo vemos en una de sus numerosas apariencias, como R-11 en 1936, utilizado como banco de pruebas del *Aquila* I. Seguidamente el avión quedó almacenado hasta la posguerra. (The A.J. Jackson Collection)

Top: G-ABBB was Bristol Bulldog Mk IIA, Bristol sequence no. 7446. Here depicted under one of its numerous identities as R-11 in 1936, used as a testbank for the Aquila I. The aircraft was then stored until the postwar. (The A.J. Jackson Collection)

Abajo: Esta era la guisa original del G-ΛBBB, equipado con Gnome-Rhône 9Asb. (The A.J. Jackson Collection)

Bottom: This was the original guise of G-ABBB, fitted with a Gnome-Rhône 9Asb, actually a French-built Jupiter VII. (The A.J. Jackson Collection)

mes que los anteriores; el 7397 completaba, como se ha dicho el primer pedido del Ministerio del Aire británico y el 7398, fue enviado en febrero a las Estados Unidos para reemplazar al 7358, destruido en un accidente.

El 7399, quedó en Filton, donde fue completado el 18 de enero de 1930 con un motor *Mercury III* que movía una hélice de cuatro palas, recibiendo la designación R-1. Tras cincuenta horas de prueba, el Mercury fue sustituido por un motor Gnome-Rhône Jupiter VI y el 30 de mayo de 1930 recibía la matrícula G-ABAC con vistas a su próxima partida en gira de demostración por Europa; sin embargo, cinco días más tarde, durante un vuelo de práctica efectuado por T. W Campbell se rompió la barra del timón y el piloto no se atrevió a aterrizar en esas condiciones, lanzándose del aparato en vuelo.

Los tres siguientes *Bulldog* –7400 a 7402– fueron vendidos a Suecia en agosto de 1930, tras una exhibición efectuada, al parecer a plena satisfacción, por el G-AAHH en dicho país.

El 7403, último aparato de este lote, quedó reservado para sustituir al G-ABAC a disposición de la empresa de Filton, que lo llevó en gira por Suiza y Rumanía. En este último país el avión despertó gran interés pero no llegó a ser adquirido por dificultades financieras. En septiembre de 1930, Campbell llevó al 7403 a Chile donde debía competir con el Curtiss *Hawk*. La presentación fue todo un éxito que se tradujo de inmediato en el encargo de 40 *Bulldog*; sin embargo, el crédito exigido por las autoridades chilenas para el pago de los mismos era tan dilatado que la firma británica prefirió renunciar al contrato en favor de su rival, Curtiss. Campbell regresó a Inglaterra y el aparato se supone que fue enviado por mar desde Santiago, pero no hay constancia fehaciente de cuál fuera su destino final.

Los siguientes Mk II fabricados fueron vendidos, siete de ellos –números de fabricación 7439 a 7445–, a Letonia en julio de 1930 y, doce más –números 7447 a 7458– a Estonia en agosto de ese mismo año.

Mk IIa

El *Bulldog* se había afianzado en la R.A.F.; su fácil manejo despertaba el aprecio de los pilotos y su sencillo –y económico– mantenimiento, al que no era ajena la resistencia a la corrosión de su estructura de acero esmaltado, el del escalón de tierra. Hora era ya de introducir en él algunos cambios aconsejados por la experiencia acumulada en servicio. Fueron revisados los largueros de los planos y los alerones y reforzados diversos puntos para poder incrementar el peso del aparato hasta los 1.600 kilogramos, aunque la

Bristol *Type 105* «Bulldog»

Arriba: Ya restaurado, en la década de 1960 vemos al G-ABBB. A la derecha asoma el morro del Bristol *Fighter* del Shuttleworth Trust. (The A.J. Jackson Collection)

Top: It is the 1960's and G-ABBB is restaured. The nose of the Shuttleworth Trust Bristol Fighter can be seen at right. (The A.J. Jackson Collection)

Página siguiente arriba: Bristol *Bulldog* Mk IIA, K2139, número de fabricación 7594, asignado al 111 *Squadron*, en revisión en un hangar. (The A.J. Jackson Collection)

Top: Bristol Bulldog Mk IIA, K2139, Bristol sequence no. 7594, assigned to 111 Squadron, at overhaul. (The A.J. Jackson Collection)

novedad más importante fue la instalación de una nueva planta motriz: un *Jupiter VIIF* de 520 H.P. a 3.045 metros que, pese a su mayor potencia, apenas elevaba en seis kilómetros por hora la velocidad máxima del avión, absorbida sin duda por el mayor peso del mismo. Todas estas modificaciones fueron introducidas en un nuevo aparato de demostración que se construyó en Filton con número de fábrica 7446 y fue matriculado G-ABBB[5].

El nuevo modelo atrajo inmediatamente la atención de la R.A.F. que firmó en mayo de 1930 un contrato por 92 aviones

Abajo: G-ABBB vista lateral derecha con el Gloster *Gladiator* K8032 / 'H' G-AMRK al fondo, también perteneciente al Shuttleworth Trust. (The A.J. Jackson Collection)

Bottom: Right side view of G-ABBB with Gloster Gladiator K8032 / 'H' G-AMRK in the background, also belonging to the Shuttleworth Trust. (The A.J. Jackson Collection)

---

5 En realidad, el G-ABBB montaba un motor Gnome-Rhône 9Asb, versión del *Júpiter VII* construida bajo licencia por la firma francesa.

Página siguiente arriba: Bristol *Bulldog* Mk IIA, K2139, número de fabricación 7594, asignado al 111 *Squadron*, en revisión en un hangar. (The A.J. Jackson Collection)

Top: Bristol Bulldog Mk IIA, K2139, Bristol sequence no. 7594, assigned to 111 Squadron, at overhaul. (The A.J. Jackson Collection)

Abajo, dcha.: Bristol *Bulldog* Mk IIA, K2488, número de fabricación 7703. Este avión serviría con el 54 *Squadron*. La unidad estaba en Hornchurch, donde sus *Bulldogs* sirvieron entre 1930 y 1936. (The A.J. Jackson Collection)

Rght: Bristol Bulldog Mk IIA, K2488, Bristol sequence no. 7703. This aircraft served with 54 Squadron. The unit was based at Hornchurch, where its Bulldogs served from 1930 to 1936. (The A.J. Jackson Collection)

reconstruido por aprendices de la firma de Filton para ser utilizado en el rodaje de la película *"Reach for the Sky"*, sobre la vida de Douglas Bader, voló el 22 de junio de 1961 pilotado por el entonces jefe de pilotos de pruebas de la misma, Godfrey Auty, pasando a formar parte de la colección del Shuttleworth Trust, que lo repintó en julio con los colores del 56 *Squadron* y la matrícula K2227. Efectuó numerosos vuelos en festivales en los que, lamentablemente, sufrió algunos accidentes –como el ocurrido el 11 de julio de 1962 en North Weald, con Auty a los mandos- que le ocasionaron diversos daños, acabando completamente destruido el 13 de septiembre de 1964 durante el S.B.A.C. Show de Farnborough, si bien el piloto resultó ileso. Afortunadamente, este avión ha sido reconstruido recientemente y añadido a la colección del museo de la RAF en Hendon.

La entrega de los noventa y dos *Bulldog* Mk IIA pedidos por la R.A.F quedó terminada en mayo de 1931. En marzo, de este tipo, al que le fue asignado el Modelo IIA, de acuerdo con la Especificación F. 11/29. Estos Mk IIA llevarían los números de fábrica 7459 a 7550 y las matrículas militares K1603 a K1694. Para satisfacer el contrato, la casa Bristol inició la producción de cien aparatos en dos líneas paralelas; en una de ellas se construyeron 36 aviones –empezando por el nº 7459– y en la otra los 64 restantes –encabezados por el nº 7459–. El primero de los Mk IIA de serie – el nº 7459– efectuó su vuelo inicial el 2 de octubre de 1930, pasando seguidamente a Martlesham Heam para ser sometido a evaluación por la A&AEE a cuya disposición quedó hasta septiembre de 1933 en que fue desguazado. Los siguientes aviones sirvieron para equipar los 54 y 111 *Squadrons*, basados en Hornchurch, y el nº 32, de Kenley.

En cuanto al primer Mk II –el G-ABBB– fue exhibido en el Salón Aeronáutico de París el 28 de noviembre de 1930. En septiembre de 1935 fue equipado con el tercer motor *Aquila I* para efectuar la prueba de las 100 horas, recibiendo la denominación R-11. Una vez finalizada dicha prueba, quedó retirado de servicio durante varios años hasta que, en 1939, fue salvado *in extremis* de la chatarra, merced a la intervención de Herbert Thomas, y ofrecido al Museo de Ciencias londinense de Kensington que lo conservó hasta 1957. Puesto en estado de vuelo con un motor *Jupiter VIIFP*

Bristol Type 105 «Bulldog»

7155	Bulldog Mk I	Prototipo		1
7267	Bulldog Mk I	Exhibición estática		1
7235	Bulldog Mk II	Prototipo / R.A.F.	J9480	1
7322-7330	Bulldog Mk II	R.A.F.	J9567-J9575	9
7331	Bulldog Mk II	Bristol G-AAHH		1
7332-7340	Bulldog Mk II	R.A.F.	J9576-J9584	9
7341	Bulldog Mk II	Mitsui & Co. (Japón)		1
7342-7347	Bulldog Mk II	R.A.F.	J9585-J9590	6
7353-7357	Bulldog Mk II	Letonia	70-73, 74K	5
7358	Bulldog Mk II	U.S. Navy	A-8485	1
7364-7386	Bulldog Mk II	R.A.F.	K1079-K1101	23
7387-7388	Bulldog Mk II	Siam (BKH.6)		2
7389-7396	Bulldog Mk II	Australia	A12.1 - A12.8	8
7397	Bulldog Mk II	Bristol G-AATR / R.A.F.	J9591	1
7398	Bulldog Mk II	U.S. Navy	A-8607	1
7399	Bulldog Mk II	Bristol G-ABAC		1
7400-7402	Bulldog Mk II	Suecia	1201-1203	3
7403	Bulldog Mk II	Bristol		1
7439-7445	Bulldog Mk II	Letonia	78K, 79, 80K-82K, 83-84	7
7447-7458	Bulldog Mk II	Estonia	122-133	12
7446	Bulldog Mk IIA	Bristol G-ABBB		1
7459-7550	Bulldog Mk IIA	R.A.F.	K1603-K1694	92
7560	Bulldog Mk IIIA	Bristol R-5		1
7564-7567	Bulldog 105 D	Dinamarca	J-151 a J-154. Despues J-301 a J-304	4
7582-7589	Bulldog Mk IIA	Suecia	5211 a 5218	8
7590-7642	Bulldog Mk IIA	R.A.F.	K2135-K2187	53
7643	Bulldog T.M.	R.A.F.	K2188	1
7644-7689	Bulldog Mk IIA	R.A.F.	K2189-K2234	46
7691-7710	Bulldog Mk IIA	R.A.F.	K2476-K2495	20
7713-7726	Bulldog Mk IIA	R.A.F.	K2858-K2872	14
7727-7743	Bulldog T.M.	R.A.F.	K3170-K3186	17
7744	Bulldog Mk IIA	Estructura inoxidable	K4189	1
7745	Bulldog Mk IIIA/Mk IVA	Bristol G-ABZW ó R-7	K4292	1
7746-7763	Bulldog Mk IIA	R.A.F.	K2946-K2963	18
7764-7773	Bulldog Mk IIA	R.A.F.	K3504-K3513	10
7777-7794	Bulldog T.M.	R.A.F.	K3923-K3940	18
7795-7807	Bulldog T.M.	R.A.F.	K3941-K3953	13
7808	Bulldog Mk IVA	Bristol G-ACJN ó R-8		1
7810-7826	Bulldog Mk IVA	Finlandia	BU 59 - BU 75	17
7827-7837	Bulldog T.M.	R.A.F.	K4566-K4576	11
Total			**441**	

Pagina anterior derecha arriba: Bristol Bulldog Mk IIA, K2135, número de fabricación 7590. Uno de los 53 aparatos de esta serie entregados a la RAF entre julio de 1931 y abril de 1932, destinados al 19 Squadron y al 41 Squadron y equipados con motor Jupiter VII. Aquí lo vemos en servicio con el 54 Squadron. (Andy Thomas, S/L Penney, vía R. Sturtivant)

Middle right: Bristol Bulldog Mk IIA, K2135, Bristol sequence no. 7590. This was one of 53 aircraft of this batch delivered to the RAF in July 1931-April 1932, for 19 Squadron and 41 Squadron and fitted with Jupiter VII. Here seen with 54 Squadron. (Andy Thomas, S/L Penney, vía R. Sturtivant)

Arriba: Bristol *Bulldog* TM, K3170, número de fabricación 7727. El primero de los diecisiete *Bulldog* de doble mando construido de acuerdo al contrato T.12/32. Foto vía autores.

Top: Bristol Bulldog TM, K3170, Bristol sequence no. 7727. The first of the seventeen dual control Bulldogs built under contract T.12/32. Foto: Author´s collection.

Bristol había suministrado a las Reales Fuerzas Aéreas danesas cuatro aparatos, números de fábrica 7564 a 7567, con una serie de modificaciones –que les valieron la denominación de 105 D y a las que más adelante nos referiremos en detalle– y en mayo otros ocho, números 7582 a 7589, a Suecia.

Seguidamente el Ministerio del Aire encargó otros cien aparatos que recibieron los números de fábrica 7590 a 7689 y fueron matriculados K2135 a K2234 en la R.A.F.. Sin embargo, salvo 15 de ellos –los K2155 a K2169, destinados al 19 *Squadron* con base en Duxford–, que fueron entregados con su correspondiente motor, los restantes se sirvieron sin planta motriz, efectuando las pruebas correspondientes antes de su entrega con motores *prestados*. El 54 *Squadron*, basado en Northolt, fue equipado con los *Bulldog* K2176 a K2187. La serie fue entregada entre el 12 de julio de 1931 y el 13 de abril de 1932, permaneciendo en Filton el K2188 para ser transformado en biplaza.

En julio de 1932 quedaba completo un nuevo lote, constituido por los veinte aparatos con número 7691 a 7710 (matrículas K2476 a K2494) y a fines de año otros catorce más numerados 7713 a 7726 (K2858 a K2872). Todavía en noviembre de 1933 fueron recepcionadas dos partidas de Mk IIA con un total de 28 aviones que llevaban los números de fábrica 7746 a 7773 y recibieron las matrículas K2946 a K2963 y K3504 a K3513. Con ellos las existencias de *Bulldog* alcanzaron su punto máximo, llegando a equipar diez de los trece escuadrones de caza británicos[6].

---
6 Los tres restantes se hallaban equipados –o estaban a punto de serlo– con Hawker *Fury*.

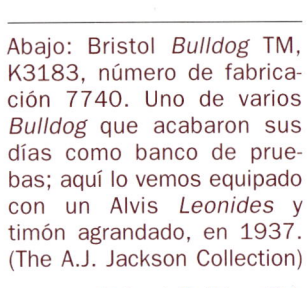

Abajo: Bristol *Bulldog* TM, K3183, número de fabricación 7740. Uno de varios *Bulldog* que acabaron sus días como banco de pruebas; aquí lo vemos equipado con un Alvis *Leonides* y timón agrandado, en 1937. (The A.J. Jackson Collection)

Bottom: Bristol Bulldog TM, K3183, Bristol sequence no. 7740. One of several Bulldogs that ended up their days used as engine testbeds. Here it is fitted with an Alvis Leonides and enlarged rudder, in 1937. (The A.J. Jackson Collection)

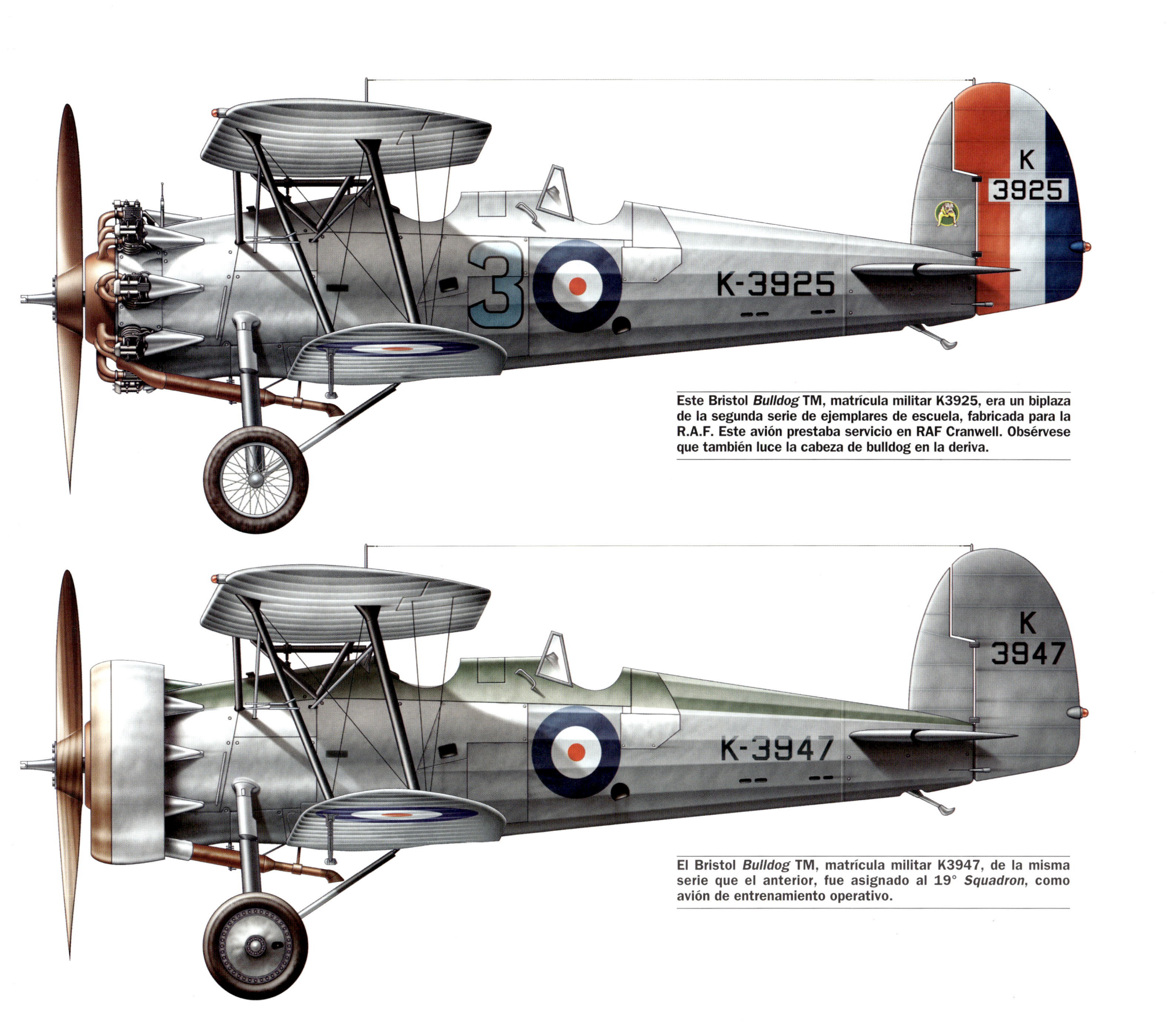

Este Bristol *Bulldog* TM, matrícula militar K3925, era un biplaza de la segunda serie de ejemplares de escuela, fabricada para la R.A.F. Este avión prestaba servicio en RAF Cranwell. Obsérvese que también luce la cabeza de bulldog en la deriva.

El Bristol *Bulldog* TM, matrícula militar K3947, de la misma serie que el anterior, fue asignado al 19° *Squadron*, como avión de entrenamiento operativo.

Otra vista del Bristol *Bulldog* TM, K3183, provisto de motor Alvis *Leonides*. (The A.J. Jackson Collection)

Another view of Bristol Bulldog TM, K3183, fitted with an Alvis Leonides. (The A.J. Jackson Collection)

El aparato K3512, antes de ser terminado, fue provisto de un tren de aterrizaje con mayor ancho de vía, ruedas Dunlop y frenos Bendix. Durante las pruebas del mismo en Martlesham se comprobó el inadecuado comportamiento del patín de cola cuando se utilizaban los frenos en tierra, lo que obligó a reemplazarlo por una ruedecilla. Igualmente, fue aumentada la superficie de la deriva para obtener una mejor estabilidad direccional. Estas modificaciones fueron introducidas durante el año 1933 en todos los *Bulldog* británicos en servicio.

Un Mk IIa –número de fabricación 7744– fue construido con estructura de acero inoxidable para satisfacer un contrato firmado con el Ministerio del Aire en febrero de 1932 de acuerdo con la Especificación 11/31, recibiendo la matrícula K4189, sin que tal experiencia tuviera demasiado éxito, revelándose inferior a los aparatos con estructura estándar. Sólo llegó a volar en dos ocasiones, el 2 y el 4 de febrero de 1935, pilotado por C. T. Holmes, antes de ser retirado de servicio y dedicado a pruebas estáticas, por lo que no volvió a insistirse en semejante idea.

También fueron ensayados en algunos *Bulldog* antes de su entrega a los escuadrones un fuselaje monocasco en aleación de aluminio, proyectado por Pollard, recubrimiento del motor a partir de anillos Townend y diversos tipos de alerones.

Bulldog T.M.

Como se ha dicho, el *Bulldog* K2188 fue transformado a biplaza en Filton, recibiendo un motor *Jupiter VIF*, de 477 H.P., cuyo menor peso, en relación con el estándard *VIIF*, compensaba el incremento del mismo que suponía la configuración biplaza. Recibió la denominación T.M. (*Training Machine*) y, tras del primer vuelo, que tuvo lugar el 7 de diciembre de 1931, fue enviado a Martlesham Heath para efectuar las pruebas de vuelo; en diciembre de 1932[7] pasó a la *Central Flying School*, de Wittering, para su evaluación como entrenador.

---

7 Otras fuentes indican septiembre de 1932.

Bristol *Type 105* «*Bulldog*»

El motor *Jupiter VIF* del T.M. iba montado 5 pulgadas más adelante, lo que obligó a alargar los tubos de escape. Las alas tomaron una ligera flecha de tres grados y medio y su envergadura aumentó a 10,414 metros; igualmente, se aumentó la superficie del timón de dirección y el ancho de vía del tren de aterrizaje, que pasó a medir 15,24 centímetros más que en el Mk IIA: 1,829 ms, en total. El aparato fue desprovisto de armamento.

De acuerdo con la Especificación T.12/32 la R.A.F. cursó un primer pedido de 17 T.M., que fueron numerados en fábrica desde el 7727 al 7743 y recibieron las matrículas militares K 3170 a K 3186; los doce primeros equipados con motor *Jupiter VIF* y los cinco últimos sin motor. Los aparatos fueron suministrados entre el 21 de diciembre de 1932 y el 10 de marzo de 1933. Tres de los primeros fueron destinados a la *Central Flying School*, otros tres al *Coastal Command*, en Leuchars, y, de los seis restantes, fue asignado un aparato a cada uno de los *Squadrons* de caza 17, 19, 32, 41, 56 y 111; los cinco T.M. sin motor quedaron almacenados en Kenley.

El último pedido de *Bulldog* efectuado por la R.A.F. consistió en 42 T.M. de los cuales, los 18 primeros, con número de fabricación 7777 a 7794 y matrículas K3923 a K3940, equipados con motor *Jupiter VIF*, fueron entregados en noviembre/diciembre de 1933 al *R.A.F. College,* de Cranwell, y a los Escuádrones de Entrenamiento de Caza (*Fighther Training Squadrons*) números 3 y 5, de Grantham y Sealand. Los restantes aparatos fueron 13 entregados en enero de 1934 con números 7795 a 7807 (K3941 a K3953) y 11 que lo fueron entre julio y diciembre con números 7827 a 7837 (K4566 a K4576); todos ellos permanecieron de momento almacenados. Algunos de estos T.M. sirvieron en el F.T.S. nº 4 destacado en Egipto, en Abu Sueir.

Este modelo de *Bulldog* fue utilizado en la experimentación de diversos tipos de motores, tales como el Bristol *Jupiter FH*, de 450 H.P., el Armstrong-Siddeley *Cheetah IX*, de 345 H.P., que fuc ensayado en el K 2188, prototipo del T.M., o el Alvis *Leonides*, de 480 H.P., radial, al igual que los anteriores, y el de cilindros en línea Napier *Rapier*, de 350 H.P., que fueron montados en el K3183.

El T.M. K3932 sobrevivió en servicio hasta 1953 en que fue desguazado.

Mk IIIA / Mk IVA

En 1931 quedó listo el motor *Mercury IV*, un sucesor más potente del *Mercury III* que debería haber equipado al *Bullpup* en aquella, ahora lejana, competición de 1927. Al año siguiente comenzaba la producción en serie del nuevo motor como *Mercury IVS.2*. Sus 560 H.P. de potencia sugirieron de inmediato la idea de montarlo en un nuevo modelo de *Bulldog* cuyas características mejoradas le convertirían en el sucesor ideal del Mk IIA, siendo así como la firma de Filton se embarcó, por iniciativa propia, en el proyecto y construcción de un prototipo que sería denominado Mk IIIA.

Aparte del motor, el Mk IIIA incorporaba otras novedades como un ala superior de nuevo perfil, ya que se decidió sustituir el anterior Bristol 1A por el biconvexo R.A.F. 34, que acogía íntegramente en su interior los depósitos de combustible; la cuerda de los planos inferiores fue objeto de una reducción de 7 pulgadas que, junto con un aumento del rebaje posterior de su borde de salida, proporcionaba al piloto una mayor visibilidad hacia abajo. Las ruedas fueron carenadas, al igual que la

Bristol *Bulldog* Mk IIIA R-7, ex G-ABZW, número de fabricación 7745. Vista del lado izquierdo. (The A.J. Jackson Collection)

Bristol *Bulldog* Mk IIIA R-7, ex G-ABZW, Bristol sequence no. 7745. Port-side view. (The A.J. Jackson Collection)

Bristol *Bulldog* Mk IIIA, R-7, G-ABZW, número de fabricación 7745. Nunca lució la matrícula civil. (The A.J. Jackson Collection)

Bristol Bulldog Mk IIIA, R-7, G-ABZW, Bristol sequence no. 7745. It never wore its civil registration (The A.J. Jackson Collection)

El aparato tenía el número de fabricación 7560 y voló por primera vez el 17 de septiembre de 1931 con un motor *Mercury IVA*, llevando pintadas en el fuselaje las marcas R-5. El 7 de diciembre era enviado a Martlesham para someterlo a un ciclo de pruebas; sin embargo, a poco regresaba a Filton para montarle el motor *Mercury IVS.2* y poder así competir con el Gloster S.S.19B por la adopción como caza standard todo tiempo de la R.A.F. Dicha competición se desarrolló a lo largo del verano, resultando favorable al producto de Gloster, que fue adoptado como *Gauntlet*. Como más adelante veremos, esta decisión supuso la renuncia a la fabricación bajo licencia del Mk IIIA en Dinamarca, cuyo contrato condicionaba la misma a la adopción del aparato por la R.A.F. El R-5 resultó inutilizado por accidente en Martlesham el 30 de marzo de 1933.

La casa Bristol decidió –igualmente, por su cuenta– la construcción de un segundo Mk IIIA con la idea de exhibirlo en el Salón de París en noviembre de 1932. El aparato –número de fábrica 7745– recibió la matrícula G-ABZW, no obstante lo cual, prefiriose presentarlo con los colores de la R.A.F. y las siglas R-7 sobre el fuselaje. Como quiera que en París no llegó a obtener ningún pedido, el aparato fue enviado a Martlesham el 12 de mayo de 1933 para continuar con él las pruebas interrumpidas por el accidente del R-5.

En mayo de 1934 fue devuelto a fábrica para montarle el nuevo motor *Mercury VIS.2* de 640 H.P., con el que su velocidad máxima alcanzaría 357,28 kilómetros/hora, cubierta del motor, que fue confiada a un corto anillo Townend, de suerte que el perfil aerodinámico así mejorado suponía un aumento de velocidad suplementario de 12 millas por hora.

	Mk I	Mk II A	T.M.	Mk III A	Mk IV A
Envergadura (ms.):	10,363	10,312	10,414	10,261	10,261
Longitud (ms.):	7,010	7,671	7,696	7,722	7,722
Altura (ms.):	2,667	2,667	2,667	2,769	2,769
Superficie alar (ms.2):	28,521	28,521	28,707	27,314	27,314
Peso vacío (kgs.):	901,26	1.007,88	997,90	1.270,00	1.220,12
Peso a plena carga (kgs.):	1.474,20	1.601,21	1.496,90	1.814,40	1.818,94
Velocidad máxima (km/h.):	280,42	286,46	270,37	334,73	357,28
Techo práctico (ms.):	8.230	8.931	8.534	9.449	10.180
Motor:	*Jupiter VII*	*Jupiter VII F*	*Jupiter VI FH*	*Mercury IV*	*Mercury VI S.2*
Potencia (H.P.):	440	520	450	560	640
Tripulación:	1	1	2	1	1

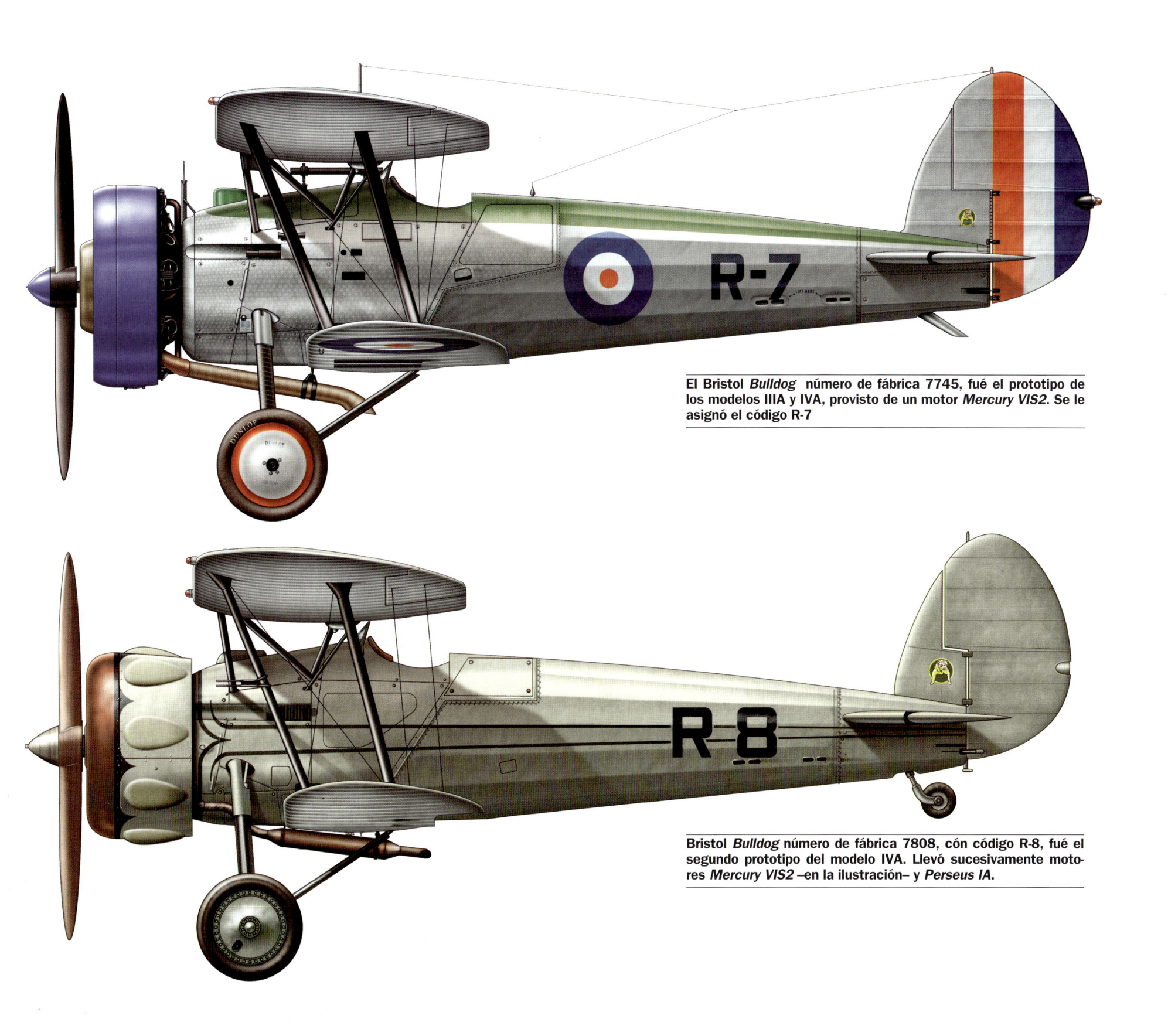

El Bristol *Bulldog* número de fábrica 7745, fué el prototipo de los modelos IIIA y IVA, provisto de un motor *Mercury VIS2*. Se le asignó el código R-7

Bristol *Bulldog* número de fábrica 7808, cón código R-8, fué el segundo prototipo del modelo IVA. Llevó sucesivamente motores *Mercury VIS2* –en la ilustración– y *Perseus IA*.

Arriba izda.: Costado izquierdo del Bristol *Bulldog* Mk IVA, R-8, número de fabricación 7808, matrícula G-ACJN, aunque nunca la portó. Fue fabricado para hacer demostraciones y voló por primera vez en 1933 equipado con un *Mercury IVS2*. (The A.J. Jackson Collection)

Top left: Port-side view of Bristol Bulldog Mk IVA, R-8, Bristol sequence no. 7808, G-ACJN, although it never wore it. Built as a demonstrator, it first flew in 1933 fitted with a Mercury IVS2. (The A.J. Jackson Collection)

Arriba dcha.: Costado derecho del mismo avión. Reequipado con un *Perseus* IA, sirvió como banco de pruebas volante para este motor en octubre de 1933 y sufrió un accidente el 17 de febrero de 1934. Tras ser reconstruido en julio de 1934, proceso en el cual se introdujeron nuevas modificaciones, continuaría su carrera con el *Mercury IVS2* y un capó de cuerda corta en 1934-1935. (The A.J. Jackson Collection)

Top right: Starboard-side view of the same aircraft. Re-engined with a Perseus IA, it was used as a testbed for that engine in October 1933 and had an accident on 17 February 1934. It was rebuilt in July 1934, and modifications were introduced in the process. It continued its career with a Mercury IVS2 and short-chord cowling in 1934-1935. (The A.J. Jackson Collection)

Bristol *Type 105* «*Bulldog*»

configurando así, junto con otras modificaciones –hélice tripala Hamilton de paso variable, capó de perfil NACA, incorporación de alerones en los planos inferiores para un mejor control a elevada velocidad, nuevo diseño de los empenajes...–, el denominado Mk IVA, última versión del *Bulldog*.

Quedaba el Mk IVA adecuado a la Especificación F.7/30 que requería un nuevo caza todo tiempo armado con cuatro ametralladoras, para satisfacer la cual compitió con el más rápido y, en definitiva, más moderno Gloster *Gladiator* que, a la postre, resultó vencedor. El R-7 fue adquirido por el Ministerio del Aire británico el 26 de julio de 1934, adjudicándole la matrícula K4292.

Un segundo *Bulldog* Mk IVA fue construido por Bristol con el afán de mostrar su motor *Mercury VIS.2*. Sin embargo, el aparato –número 7808 y matrícula civil G-ACJN– atravesaría una serie de vicisitudes antes de adquirir su configuración definitiva. Efectuó su primer vuelo equipado con un *Mercury IVS.2* y, seguidamente, fue destinado a las pruebas en vuelo del motor *Perseus IA*, con el que empezó a volar en octubre de 1933, ostentando las siglas R-8. El 17 de febrero de 1934 sufrió un accidente llevando como piloto a C. T. Holmes, pero a poco reaparecía, con una nueva librea, en la exhibición de Hendon y, a continuación en el S.B.A.C. Show de Farnborough de ese mismo año, pilotado por Uwins. Por fin, a finales de 1934, recibió el *Mercury VIS.2*, la hélice tripala y el carenado N.A.C.A. del motor característicos del Mk IVA, siendo con tal configuración exhibido en el S.B.A.C. de 1935.

La única compensación que alcanzaron todos estos esfuerzos de Bristol fue la adquisición por parte de Finlandia de diecisiete *Bulldog* Mk IVA que llevaron los números de fabricación 7810 a 7826 y fueron entregados, como más adelante veremos, en 1934/35.

El total de *Bulldog* construidos, en todas sus variantes, fue de 441 aparatos a los que habría que agregar otros dos fabricados con licencia en Japón por Nakajima.

En servicio con la *Royal Air Force*

Al referirnos a las diferentes entregas de *Bulldog* para la R.A.F., dejamos constancia de algunas de las unidades que fueron equipadas con ellos. Vamos, no obstante, a volver sobre el tema con más detalle, en aras de una mayor claridad, a fin de trazar la historia operacional del aparato. Desde el 8 de mayo de 1929, en que comenzaron a entregarse los primeros Mk II, hasta la primavera de 1937 en que terminaron de ser reemplazados en los escuadrones de caza habían transcurrido siete años en los que Inglaterra no se vio envuelta en conflicto armado alguno, circunstancia esta que indudablemente resta brillantez al historial de los *Bulldog*, cuyo principal mérito se redujo a servir para la formación de un brillante plantel de pilotos de caza que tendrían la oportunidad de demostrar su valía sobre otras monturas al estallar la II Guerra Mundial.

La primera unidad que recibió los *Bulldog* fue el 3 *Squadron*, basado entonces en Upavon, en el que dieciocho aparatos Mk II reemplazaron a los Gloster *Gamecock* que hasta entonces habían constituido su dotación. Cinco años más tarde, el 10 de mayo de 1934, el mencionado *squadron*, que ya contaba con aparatos Mk IIA, fue trasladado a Kenley y, en octubre de 1935, a Jartum, en Sudán, a donde fue enviado con motivo de la crisis que motivó la invasión de Abisinia por los italianos. En agosto de 1936, los *Bulldog* del 3 *Squadron* ya estaban de regreso en Kenley donde, poco más tarde, comenzaron a ser sustituidos por los Gloster *Gladiator*; sustitución esta culminada en julio de 1937.

Otra vista en vuelo del Bristol *Bulldog* Mk IIA K1085. (*Flight*, vía R. Sturtivant)

One more shot of Bristol Bulldog Mk IIA K1085. (*Flight*, vía R. Sturtivant)

Página anterio abajo: Bristol *Bulldog* Mk IIIA, K4292, ex R-7, ex G-ABZW. Aquí lo vemos tras su adquisición por el *Air Ministry* para servir de bancada de pruebas del *Mercury VIS2,F* con capó de cuerda larga y hélice tripala de paso variable. (The A.J. Jackson Collection)

Top left: Port-side view of Bristol Bulldog Mk IVA, R-8, Bristol sequence no. 7808, G-ACJN, although it never wore it. Built as a demonstrator, it first flew in 1933 fitted with a Mercury IVS2. (The A.J. Jackson Collection)

En esta foto en vuelo, tomada en Upavon en junio de 1930, se ve al Bristol *Bulldog* Mk IIA, K1085 con otros aparatos del 17 *Squadron*, tales como el K1081 y el J9587.

Bristol Bulldog Mk IIA, K1085. Upavon, June 1930, seen in company of other 17 Squadron aircraft, such as K1081 and J9587

	Upavon	Hornchurch	Kenley	Duxford	Notholt	North Weald	Khartum	Biggin Hill
1929	3º/17º							
1930	3º/17º	54º	32º					
1931	3º/17º	54/111º	32º/23º	19º	41º			
1932	3º/17º	54º/111º		19º	41º	29º/56º		23º/32º
1933	3º/17º	54º/111º		19º	41º	29º/56º		23º/32º
1934		54º/111º	3º/17º	19º	41º	29º/56º		32º
1935		54º/111º	3º/17º	19º		29º/56º		32º
1936		54º/111º	17º			56º	3º	32º
1937			3º					

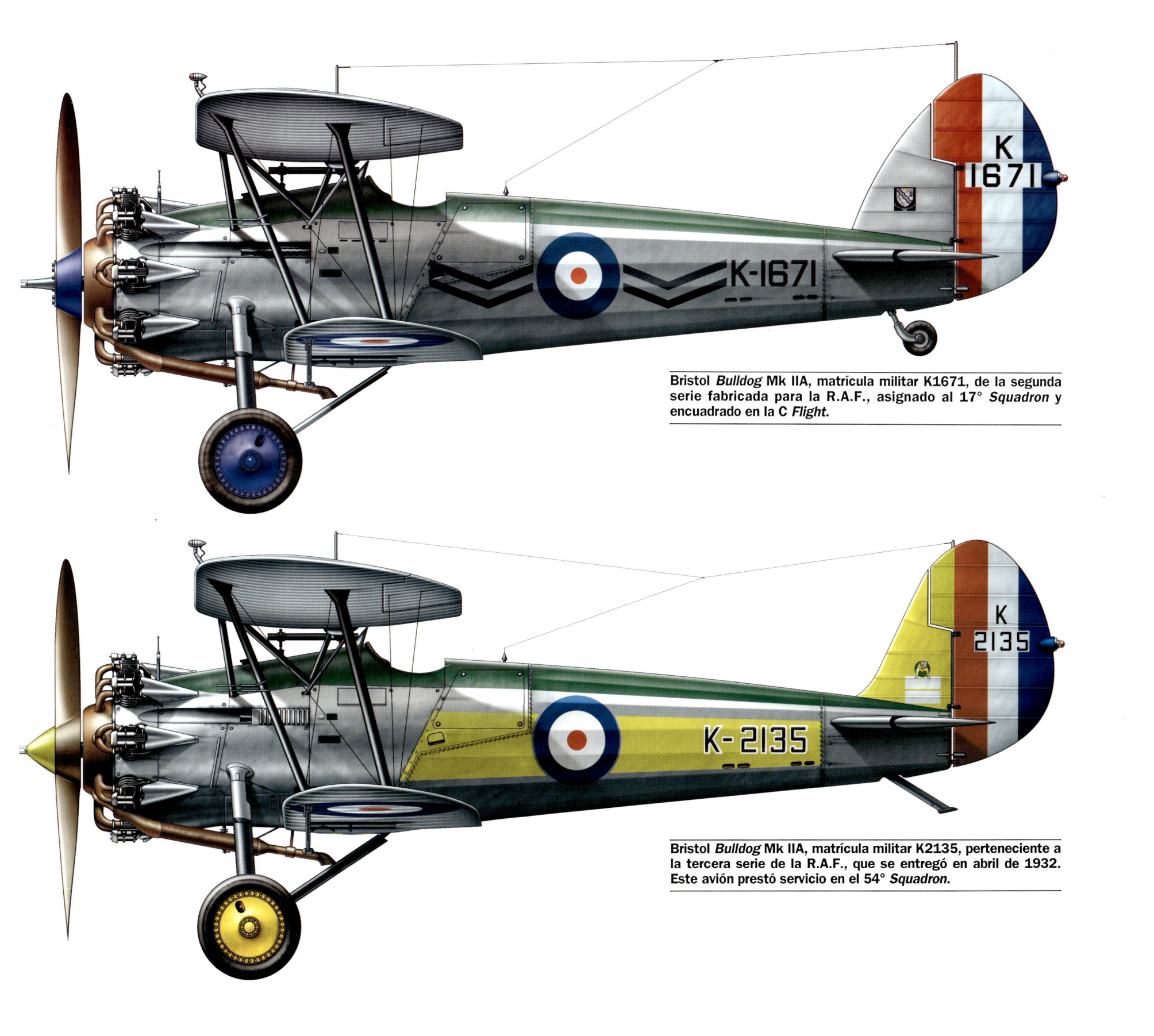

Bristol *Bulldog* Mk IIA, matrícula militar K1671, de la segunda serie fabricada para la R.A.F., asignado al 17° *Squadron* y encuadrado en la C *Flight*.

Bristol *Bulldog* Mk IIA, matrícula militar K2135, perteneciente a la tercera serie de la R.A.F., que se entregó en abril de 1932. Este avión prestó servicio en el 54° *Squadron*.

Una vez más, el G-ABBB, esta vez en vuelo, pintado para representar al K2227, un avión del 56 Squadron, en la década de 1960.

Once again, G-ABBB, disguised as K2227, a 56 Squadron aircraft, in the 1960's.

Los otros seis Mk II que componían el primer lote adquirido por la R.A.F. equiparon parcialmente al 17 *Squadron*, con base asimismo en Upavon en septiembre/octubre de 1929. El *squadron* completó su dotación con los Mk II del segundo lote y, al igual que el 3º, fue trasladado a Kenley en mayo de 1934, siendo reequipado con aparatos Mk IIA. Allí voló también algunos *Hart* que suplían a varios de sus *Bulldog*, cedidos al 3 *Squadron* durante su destacamento en Sudán. En agosto de 1936 el 17 *Squadron* fue totalmente equipado con Gloster *Gauntlet*.

Los Mk II del segundo lote sirvieron igualmente para reemplazar a los Armstrong Whitworth *Siskin III DC* que habían dotado al 54 *Squadron*, basado en Hornchurch, desde su creación el 15 de febrero de 1930. Recibió los primeros *Bulldog* en abril de ese año y los mantuvo en servicio hasta septiembre de 1936 en que fueron sustituidos por *Gauntlet*.

El siguiente *squadron* en recibir *Bulldog* –ahora ya todos serían Mk IIA– fue el 32º, de Kenley, en el que empezaron a sustituir a los *Siskin III* en octubre de 1930 no quedando totalmente equipado con ellos hasta enero del año siguiente. En septiembre de 1932, el *squadron* fue trasladado a Biggin Hill donde, en julio de 1936, los *Gauntlet* relevaron a los *Bulldog*.

En el 111 *Squadron*, de Hornchurch, los *Bulldog* Mk IIA sustituyeron a los *Siskin* en enero de 1931. Los *Gauntlet* tomaron el relevo de aquellos en junio de 1936.

El 23 *Squadron*, de Kenley, comenzó a recibir sus primeros *Bulldog* en abril de 1931, quedando alineados en el mismo al lado de los Hawker *Demon*. Se hallaba destinado en este Escuadrón el *Flyng Officer* Douglas Bader, excelente piloto especialista en acrobacia que, el 14 de diciembre de 1931, sufrió un grave accidente en el aeródromo de Woodley al estrellarse con el Mk IIA matrícula K1676, perdiendo ambas piernas; pese a tal mutilación, Bader llegó a ser durante la II Guerra Mundial uno de los ases de la caza británica. El 23 *Squadron* fue el primero en abandonar los *Bulldog*, operando tan sólo con *Demon* a partir de abril de 1933.

El 19 *Squadron*, de Duxford, recibió en julio de 1931 los primeros Mk IIA, con los que voló hasta enero de 1935 en que comenzaron a ser relevados por los *Gauntlet*. Tal relevo se llevó a cabo con bastante calma, pues hasta septiembre de 1936 no entregó el último de sus *Bulldog*.

En octubre de 1931 recibía sus primeros *Bulldog* el 41 *Squadron*, de Northolt, en el que relevaron a los *Siskin*. No permanecieron mucho tiempo en sus filas, pues en julio de 1934 fueron, a su vez, relevados por *Demon*.

El 29 *Squadron*, de North Weald, no recibió los *Bulldog* hasta junio de 1932, conservándolos hasta marzo de 1935, en que los reemplazaron los *Demon*.

La última unidad en ser equipada con *Bulldog* fue el 56º *Squadron*, de North Weald que operó con estos aparatos desde agosto de 1932 a mayo de 1936 en que fueron reemplazados por *Gauntlet*.

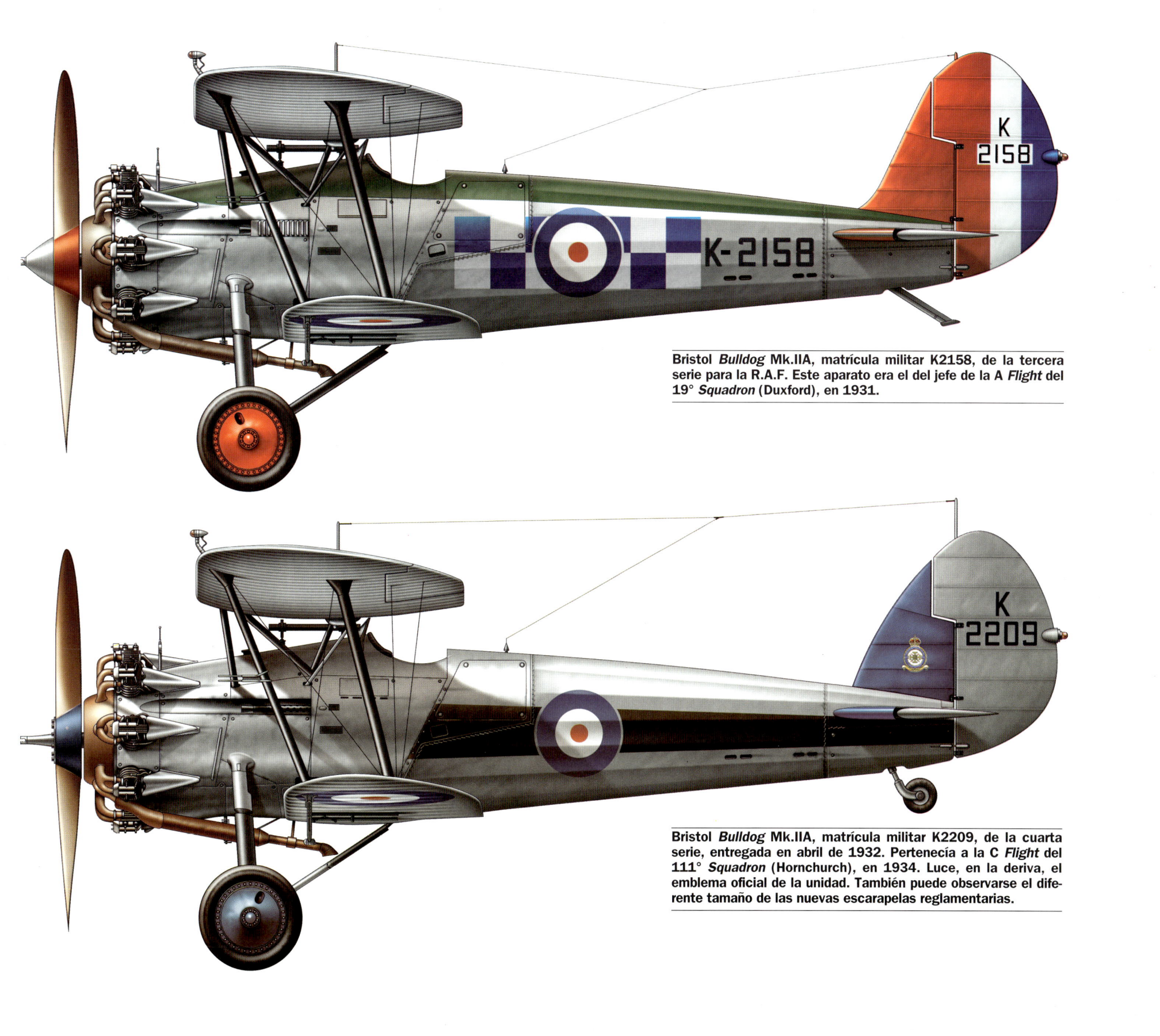

Bristol *Bulldog* Mk.IIA, matrícula militar K2158, de la tercera serie para la R.A.F. Este aparato era el del jefe de la A *Flight* del 19° *Squadron* (Duxford), en 1931.

Bristol *Bulldog* Mk.IIA, matrícula militar K2209, de la cuarta serie, entregada en abril de 1932. Pertenecía a la C *Flight* del 111° *Squadron* (Hornchurch), en 1934. Luce, en la deriva, el emblema oficial de la unidad. También puede observarse el diferente tamaño de las nuevas escarapelas reglamentarias.

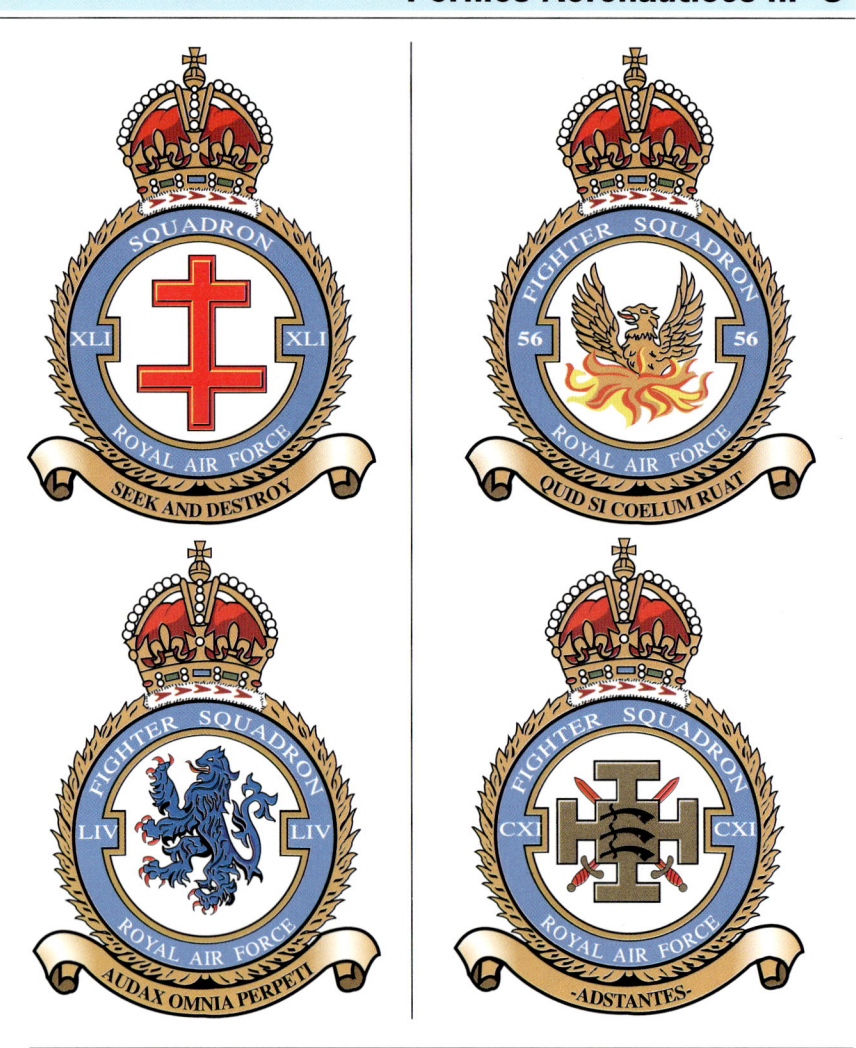

Emblemas oficiales de los *Squadrons* **de la** *Royal Air Force,* **que tuvieron encuadrados a biplanos de caza Bristol** *Bulldog* **Mk II y Mk IIA.**

De arriba a abajo y de izquierda a derecha: 3°, 17°, 19°, 23°, 29°, 32°, 41°, 54°, 56° y 111° *Squadrons.*

Bristol *Type 105* «*Bulldog*»

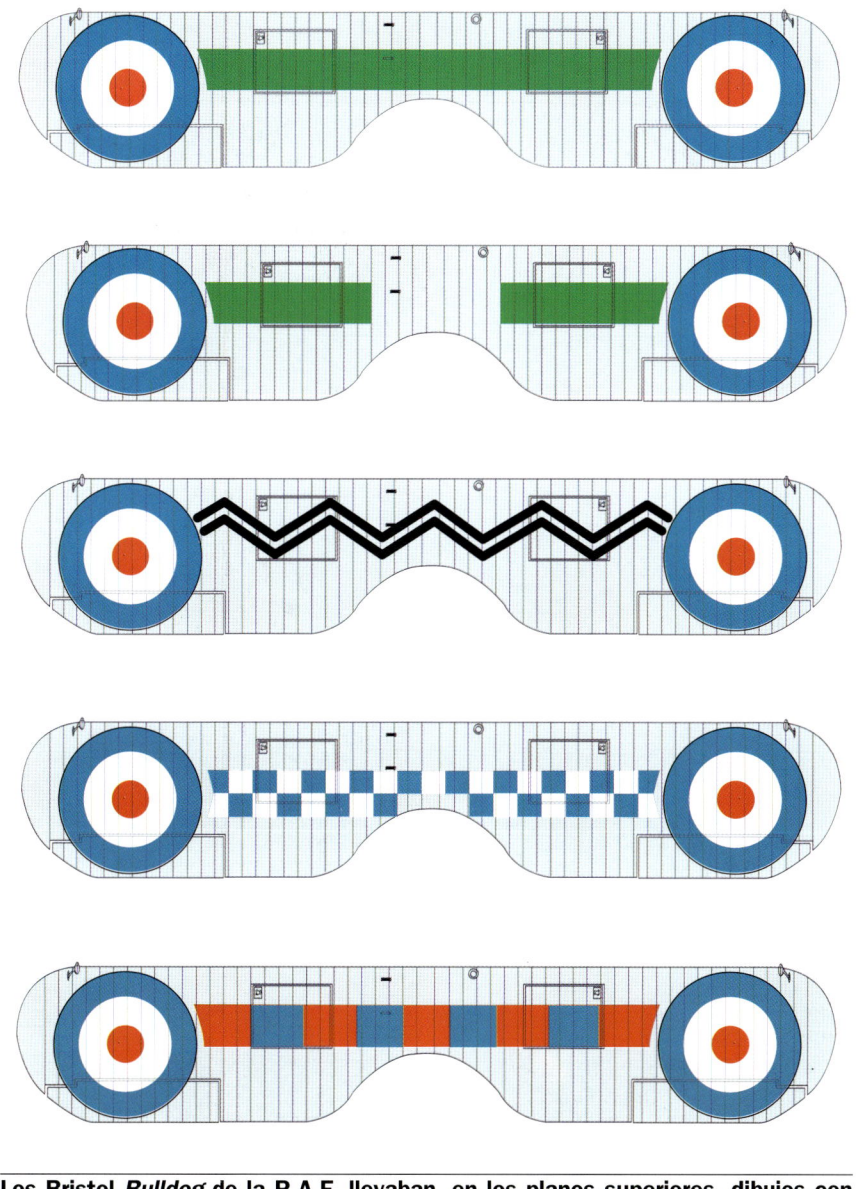

Los Bristol *Bulldog* de la R.A.F. llevaban, en los planos superiores, dibujos con los colores distintivos de los *Squadrons*.

De arriba a abajo y de izquierda a derecha:

- 3° *Squadron*
- 3° *Squadron* (variante)
- 17° *Squadron*
- 19° *Squadron*
- 23° *Squadron*
- 29° *Squadron*
- 32° *Squadron*
- 41° *Squadron*
- 54° *Squadron*
- 56° *Squadron*
- 111° *Squadron*

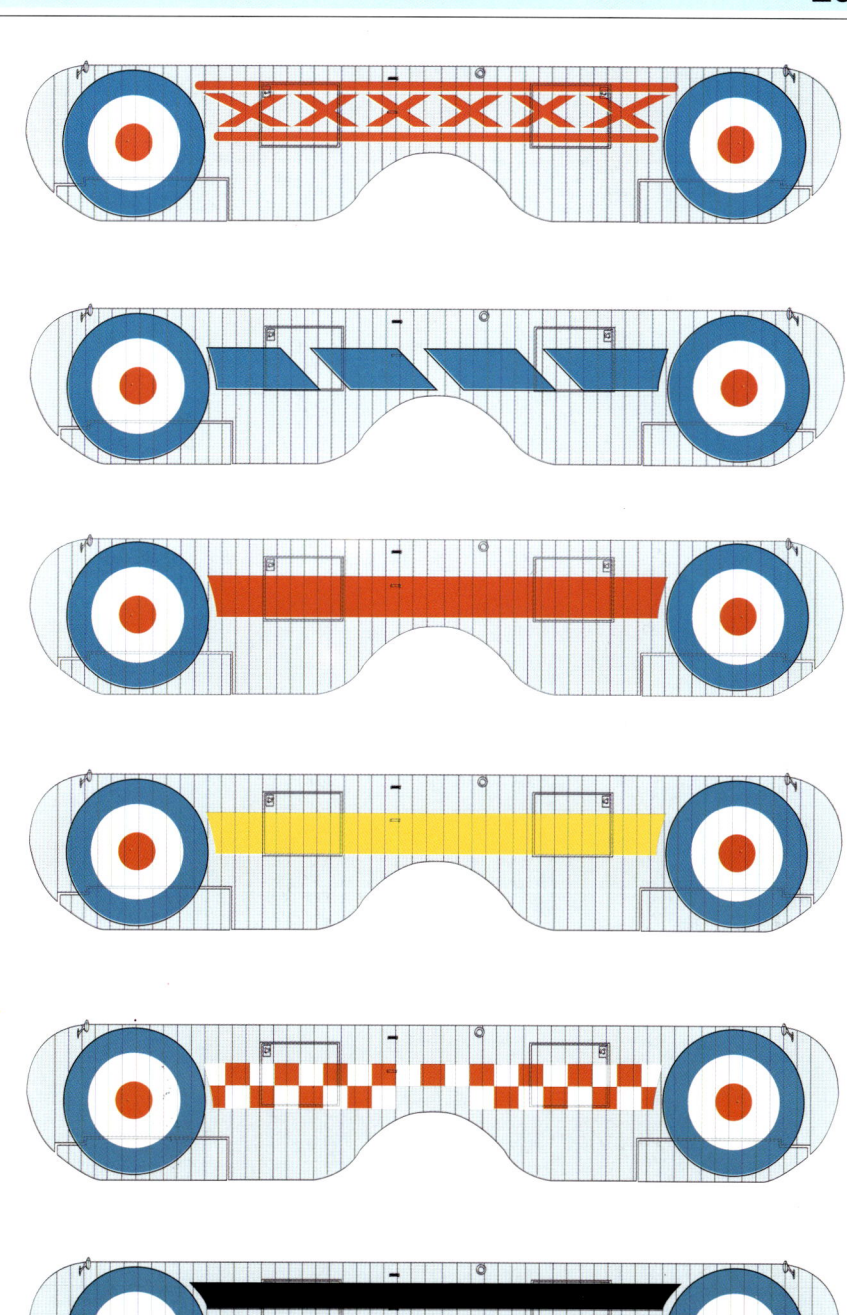

Perfiles Aeronáuticos n.º 8

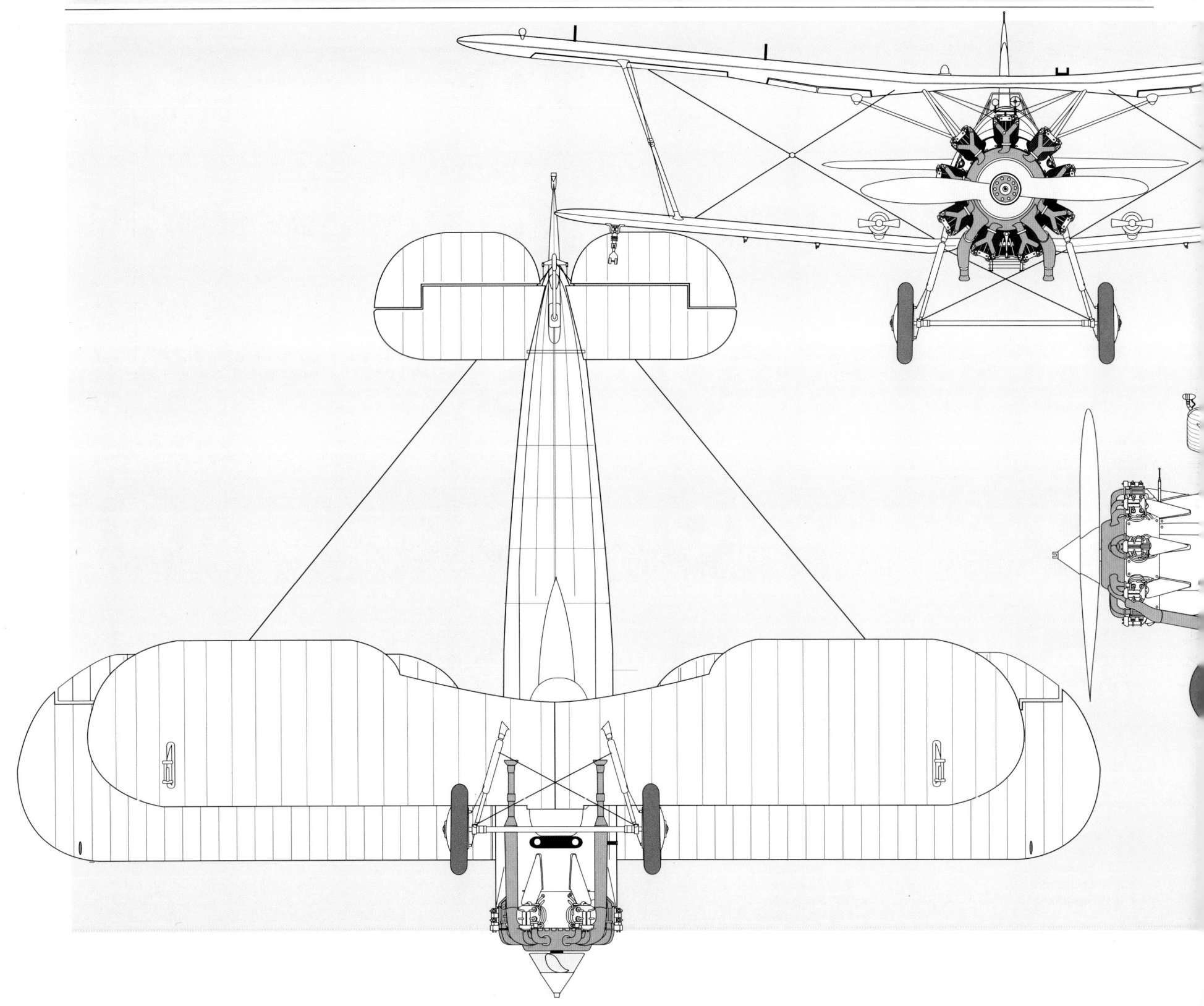

Bristol Type 105 «Bulldog»

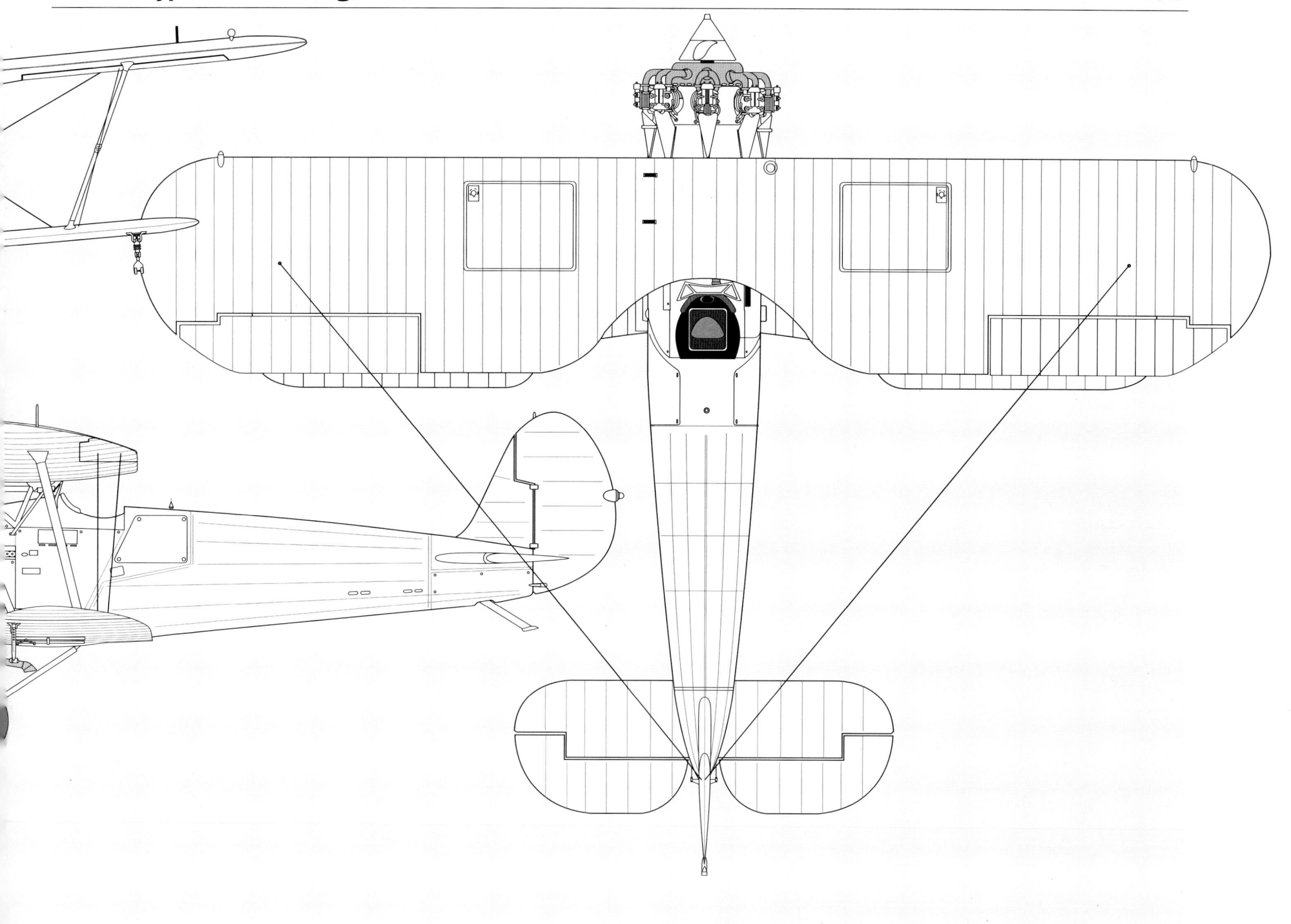

Douglas Bader y el *Bulldog*

Los tres miembros de la patrulla acrobática del 23º *Squadron* posan ante un caza Gloster *Gamecock*. A la izquierda, está nuestro protagonista, el *pilot officier* Douglas R.S. Bader. El 23º *Squadron* pronto recibió los nuevos Bristol *Bulldog* Mk II A, y a bordo de uno de ellos sufrió Bader el accidente en el que perdió ambas piernas. (Foto: Archivo autores)

A finales de los años cincuenta una sesión de cine infantil me llevó a contemplar una película que se titulaba "Proa al cielo". En ella se narraba la historia de un *Pilot Officier* británico que sufría un grave accidente de aviación, perdía ambas piernas, pero, a fuerza de tesón y voluntad, conseguía volver a volar y se convertía en un as de la R.A.F. durante la Segunda Guerra Mundial. Aquella película, que se rodó en Gran Bretaña en 1956, protagonizada por el actor Kenneth More, con título original *"Reach for the Sky"*, me impresionó profundamente y acrecentó mi fascinación por el mundo de la aeronáutica militar. Con el paso de los años pude conocer que aquella historia no era un mero y exagerado guión cinematográfico sino la historia real del *Wing Commander* Douglas Bader, y que el biplano que tripulaba, cuando perdió sus piernas, era un caza Bristol *Bulldog*.

Douglas R.S. Bader nació en Saint John's Wood (Londres) el 21 de febrero de 1910. Quedó huérfano muy pronto, ya que su padre falleció en Francia, a consecuencia de las heridas sufridas durante la I Guerra Mundial. La influencia de un tío-abuelo, que había combatido en el *Royal Flyng Corps* (R.F.C.), le llevó a ingresar, en 1928, en la Escuela de la R.A.F. de Cranwell, obteniendo su título de *Pilot Officier* en 1930.

Su primer destino fue al 23º *Squadron*, con base en el aeródromo de Kenley, que por entonces estaba equipado con biplanos de caza Gloster *Gamecock*. Bader, que era un gran deportista, fue seleccionado para el equipo oficial de rugby de la R.A.F. y, además, destacaba en la acrobacia aérea. Tan bueno era que fue elegido para formar parte de la Patrulla Acrobática que debía participar en la demostración anual de Hendon. La Patrulla la componían, además de Bader, los pilotos Harry Day y Geoffrey Sthepenson. Según el periódico *"The Times"* fue la más impresionante exhibición aérea jamás realizada en Gran Bretaña.

En 1931 el 23º *Squadron* fue reequipado con los cazas Bristol *Bulldog*, más pesados que los *Gamecock*, pero también más rápidos. Bader continuaba en la Patrulla Acrobática y, en un rutinario vuelo de entrenamiento, la fría mañana del 14 de diciembre de 1931 y formando parte de una Patrulla de tres Bristol, aterrizó en la pequeña pista auxiliar de Woodley. Cuando, poco después, despegaron para dirigirse al aeródromo principal, Bader realizó un giro, en vuelo invertido, a poca altura, al final del campo. Quizás acostumbrado al más ligero *Gamecock* no calculó bien la maniobra y el ala de babor del *Bulldog* rozó contra el suelo y el avión se destrozó por completo.

Bader fue extraído entre los restos del aparato, gravemente herido, con las piernas deshechas. En principio se temió por su vida, ya que estaba tan débil que los médicos no se atrevían a intervenir quirúrgicamente. Primero le amputaron la pierna derecha y unos días después fue necesario apuntarle la izquierda. El gran atleta y piloto se convertía en un inválido sin extremidades inferiores.

El Bristol *Bulldog* K 1676 parecía haber cortado de raíz la prometedora carrera del joven oficial aviador de 21 años. Pero aquí comenzó una historia que fascinaría primero a Gran Bretaña y después al mundo entero. Bader, a fuerza de tesón, de voluntad y persistencia, consiguió volver a pilotar cazas y convertirse en un verdadero as y líder de los escuadrones de caza de la R.A.F. durante el segundo conflicto bélico mundial. Pero esta es otra historia que contaremos en una nueva ocasión.

R. P.